# Assises de Caumont

## JUIN 1896

# MÉMOIRES

SUR LA

# MUSIQUE SACRÉE

EN NORMANDIE

LIGUGÉ (Vienne)

IMPRIMERIE SAINT-MARTIN

1897

# ROUEN
## ASSISES DE CAUMONT
### JUIN 1896

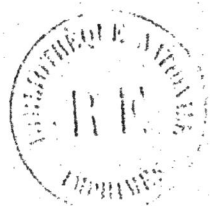

# MÉMOIRES

SUR LA

# MUSIQUE SACRÉE EN NORMANDIE

PAR

### Le R. P. Dom JOSEPH POTHIER
*Prieur de Saint-Wandrille*

### L'Abbé A. COLLETTE
AUMONIER DU LYCÉE DE ROUEN

### L'Abbé BOURDON
MAITRE DE CHAPELLE A LA PRIMATIALE

LIGUGÉ (VIENNE)

IMPRIMERIE SAINT-MARTIN

1896

# I

# NOTE

SUR

## LA MUSIQUE SACRÉE EN NORMANDIE

AU ONZIÈME SIÈCLE

à propos d'un office de saint Romain tiré du « Livre d'Ivoire »

PAR

LE R. P. DOM JOSEPH POTHIER

*Prieur de Saint-Wandrille*

Messieurs,

J'ai la confiance qu'en venant un instant vous parler musique, je n'abuserai pas trop de la bienveillance avec laquelle vous m'avez permis de prendre part à vos travaux. La musique dont j'ai le désir de vous entretenir est la musique ancienne de l'Église, en particulier la musique sacrée en Normandie, au onzième siècle.

Cette musique, je dois, Messieurs, vous en avertir, est du plain-chant et n'est que du plain-chant. Que ce mot n'effraie personne, car c'est un plain-chant, je le dis bien vite, tout autre que celui de nos lutrins modernes. Ce que nous entendons d'ordinaire, hélas! ne rappelle que de loin, de très loin, ce que chantaient nos pères. Et cependant, ce sont toujours en grande partie les mêmes paroles; bien mieux, ce sont toujours à peu près les mêmes notes; mais aujourd'hui ce sont des notes uniformes, détachées les unes des autres, martelées; ce sont des paroles où non seulement les phrases, mais les mots eux-mêmes se trouvent dépecés, disloqués : est-ce encore avec cela le même chant? est-ce même encore un chant? Arrêtons ces questions indiscrètes, et, nous réfugiant dans les sphères sereines de l'histoire et de l'archéologie, laissons le présent, étudions le passé ; écoutons, dans le lointain des âges, le plain-chant de nos bons aïeux. Aucun Edison n'en a recueilli sur ses plaques magiques les vibrations sonores ; mais celles-ci, toutefois, ne se sont pas évanouies pour jamais : nous avons le moyen de les faire revivre, d'en retrouver les notes, et d'en reproduire, d'en apprécier, d'en admirer les effets.

Comme spécimen, nous allons choisir un exemple local, un office dont les paroles et la mélodie font honneur à la Normandie du onzième siècle, l'office de saint Romain, tel que nous le trouvons dans un document célèbre, dans le précieux *Livre d'ivoire*, qui est actuellement conservé à la Bibliothèque publique de Rouen (Y. 27), et appartenait ci-devant au Chapitre de la Cathédrale. Ce sont les vénérables chanoines de l'insigne Primatiale qui vont ainsi nous apprendre par quelles douces et savantes mélodies la fête du saint patron était célébrée au onzième siècle. D'autres monuments de même source nous montreront que ces mélodies aimées sont restées intactes jusqu'en plein dix-huitième siècle.

A la page 86 du *Livre d'ivoire* commence l'office noté de saint Romain. La première antienne que l'on rencontre est celle de *Magnificat* aux premières Vêpres : *Praesul sancte Romane*. Viennent ensuite les trois Nocturnes, composés chacun de trois antiennes et d'autant de répons. Le reste de l'office, c'est-à-dire Laudes et Vêpres, n'est représenté que par l'antienne de *Benedictus : Pastor clemens*. Il y a donc une lacune au *Livre d'ivoire*, lacune du reste facile à combler par d'autres monuments de même source, soit manuscrits, soit même imprimés ; car nous possédons encore un antiphonaire incunable sur parchemin du commencement du seizième siècle, et l'antiphonaire de 1662, qui l'un et l'autre témoignent de la fidélité de l'Église de Rouen à maintenir sa tradition jusqu'aux bouleversements liturgiques du dernier siècle. Mais avant d'étudier l'origine et les particularités de cet office, que nous croyons du onzième siècle, nous devons dire un mot d'un autre un peu plus ancien, incomplet lui aussi, et, pour comble de malheur, dans le seul document qui nous le donne, le texte, espacé par le copiste pour recevoir les neumes du chant, s'en trouve dépourvu, sauf pour la dernière antienne.

Les nouveaux Bollandistes, dans leur catalogue des manuscrits hagiographiques de la Bibliothèque Nationale de Paris, signalent, au n° 1805 du fonds latin, une vie de saint Romain, que l'on est tout étonné de trouver à la suite du commentaire de saint Jérôme sur Job. Cette vie commence par une épître que Gérard, moine de Soissons, adresse à l'archevêque de Rouen, Hugues II, lequel siégea de 942 à 989. L'auteur de la lettre, qui l'est aussi de la vie, explique pourquoi et comment il a écrit celle-ci. C'est pour obéir à la demande de l'archevêque qu'il a entrepris ce travail. Il s'est servi, pour le rédiger, de deux vies plus anciennes, l'une en prose, l'autre en vers, *heroico sermone*, c'est-à-dire en vers hexamètres. Il joint celle-ci à son envoi, en témoignage de l'exactitude de son propre récit, qui n'est qu'un abrégé. Le but de cet abrégé semble, d'après la lettre même et d'après les circonstances, être un but liturgique : c'est une légende pour l'office. Aussi le moine demande-t-il au pontife, comme récompense, les reliques du saint qui lui ont été promises, afin qu'on ait la joie, à Soissons comme à Rouen, de célébrer dignement un si grand patron. Ceci explique pourquoi, au manuscrit 1805, nous trouvons des antiennes et des répons intercalés au milieu du récit abrégé de cette vie de saint Romain par le moine Gérard. La vie ou la légende est naturellement en prose, mais dans les antiennes et les répons les vers et la prose se trouvent mêlés, et le vers, qui est l'hexamètre, n'a pas toujours été laissé intact et sur ses pieds. Les antiennes des Laudes seules sont purement métriques : chacune composée d'un hexamètre et d'un pentamètre, c'est-à-dire d'un distique. En somme nous avons là, sauf pour les Laudes, de véritables centons ; c'est un travail de compilation, plutôt qu'une œuvre de composition propre à l'auteur. Il va en être de même de l'office plus récent tiré du *Livre d'ivoire*, au moins pour ce qui regarde les répons. A l'exception du dernier, qui est en prose, comme les antiennes des Nocturnes, ces répons sont composés de centons métriques. Mais ici ce ne sont plus des hexamètres, le *carmen heroïcum* du moine Gérard ; ce ne sont pas non plus les distiques classiques, le *carmen elegiacum* des antiennes des Laudes de l'ancien office, mais le *carmen lyricum*, les vers trochaïques qui, avec les ïambes, sont plus habituellement usités pour les hymnes. A l'antienne de *Magnificat*, les vers ont été retouchés ou interpolés, mais il est facile de reconstituer le tout dans sa forme première. Nous mettons entre crochets les mots qui ont été supprimés, et nous soulignons ceux qui ont été ajoutés.

| | |
|---|---|
| Præsul [o] sancte Romane | Templum Dei [quod] in nobis |
| Vas misericordiæ | Vitiis *violatum* [destruimus] |
| Qui chrismale *collisum* cum liquore | Tua prece expiatum |
| Reparasti vasculum. | Redde Deo solidum. |

Ces retouches nous dénotent un travail d'adaptation, et nous prouvent que le texte n'est pas de l'auteur même de l'office, ou, si l'on veut, qu'il n'a pas été directement composé pour l'office, autrement il aurait reçu du premier coup la forme voulue. Ceci nous fait, sinon conclure absolument, du moins soupçonner fortement que même pour les parties métriques non retouchées nous avons affaire à un centonisateur, comme l'était pour l'office ancien le moine Gérard. Les antiennes des Nocturnes au *Livre d'ivoire* sont d'un genre tout différent du reste de l'office : la pensée et les expressions principales sont empruntées pour chaque antienne au psaume correspondant, et ingénieusement appliquées à la vie et aux vertus du saint. C'est une façon de composer très liturgique, traditionnelle, n'appartenant à aucune époque particulière, qui se rencontre déjà dans l'antiphonaire grégorien, et se retrouve très heureusement employée par saint Thomas d'Aquin pour l'office du saint Sacrement. Nous avons là, pour ce qui est de l'office de saint Romain, une preuve nouvelle que cet office, dont chaque partie diffère ainsi de style et de facture, n'est pas d'une même venue, ni d'une même source.

Nous avons dit que dans le *Livre d'ivoire* l'office n'est pas complet. En plus de ce que nous y trouvons, il lui faut des antiennes pour Vêpres et pour Laudes. Celles des Vêpres nous seront fournies par l'antiphonaire de 1662. Le texte en est composé d'après les actes du saint : ce qui est encore une autre manière de procéder, très ancienne aussi, dont le Bréviaire romain contient de nombreux exemples : sainte Agnès, sainte Agathe, saint Laurent, saint Martin, etc. Les antiennes des Laudes pour saint Romain ont une autre origine et sont d'un autre style. Fait digne de remarque : elles se rencontrent déjà dans l'office du moine de Soissons, et c'est de cet office plus ancien la seule partie qui ait été conservée ; elle se retrouve encore jusque dans l'antiphonaire de 1662.

Dans chacune de ces antiennes, composée, nous l'avons dit, d'un distique, il y a une allusion au psaume correspondant. Il sort de ce fait que ces antiennes ne sont pas, comme le reste, des centons, mais un texte métrique composé tout exprès pour l'office et pour cette partie de l'office. Ont-ils le moine Gérard pour auteur ? Ceci est possible et même assez vraisemblable. En tout cas, ces vers lui sont pour le moins contemporains, et remontent par conséquent au plus tard au dixième siècle ; le texte, mais la musique aussi sans aucun doute.

Sans nous attarder davantage à examiner le texte, voyons le chant. Dans le chant liturgique, la musique est intimement liée aux paroles ; si bien que le rythme des paroles est en principe le régularisateur suprême, souvent même unique, du rythme musical. Ce que nous venons de dire du texte de l'office intéresse déjà presque directement la question du chant, et nous fournit en même temps une première donnée pour déterminer l'âge et du texte et du chant.

Au point de vue de la composition purement musicale, ces antiennes et ces répons dont nous avons parlé sont tous dans les tons ou modes du chant grégorien. Ceux-ci ne sont pas, comme dans la musique moderne, réduits à deux seulement, le majeur et le mineur : on en compte huit, qui ne se rapportent que très imparfaitement au majeur et au mineur actuels.

Ces huit modes sont tous représentés dans l'office de saint Romain, avec cette particularité commune à tous ou presque tous les offices de l'époque, que le ton des antiennes, soit à Vêpres, soit à Matines, soit à Laudes, est celui qu'amène l'ordre numérique des modes : première antienne, premier ton ; deuxième antienne, deuxième ton, etc. De même pour les répons de Matines. L'exemple de cette disposition a été donné au neuvième siècle par l'auteur, qui pourrait bien être Alcuin, de l'office de la sainte Trinité, tel que nous le chantons encore. Cet ordre si régulier, trop régulier, plus contraire à l'art que motivé par lui, se retrouve dans les offices de saint Nicolas, de saint Gilles, de sainte Catherine, de saint Vulfran, de saint Ouen, tous en usage en Normandie à cette époque, et, nous le verrons, composés pour la plupart en Normandie. Nous remarquerons néanmoins une exception, il y en a à toute règle ; c'est précisément dans les antiennes métriques des Laudes de saint Romain. Les trois premières sont bien dans l'ordre voulu, mais les deux suivantes, au lieu d'être du quatrième et du cinquième ton, sont l'une et l'autre du deuxième. On se rappelle que ces antiennes, absentes du *Livre d'ivoire*, se trouvent dans l'office du moine de Soissons, et par là semblent être plus anciennes que les autres : ce qui peut expliquer comment elles ne sont pas dans la règle commune.

Une autre particularité, mieux fondée en raison, mais également caractéristique des compositions de l'époque que nous étudions, consiste à agrémenter les répons de Matines d'un trait mélodique plus ou moins prolongé vers la fin de la phrase qui précède le verset, et qui se répète après lui. Amalaire, qui écrivait au début du neuvième siècle, nous apprend qu'à Noël le répons *Descendit*, pour mieux exprimer la joie de la fête et l'impuissance de la parole en présence d'un tel mystère, offrait à la fin, aux mots *fabricæ mundi*, sur la syllabe *fa*, une longue suite de notes sans paroles appelées *jubilus*. Par suite des reprises après le verset et après le *Gloria Patri*, *fabricæ mundi* se trouvait dit trois fois. A chaque fois, la vocalise ou le *jubilus* changeait et s'enrichissait de neumes nouveaux et en même temps plus prolongés. Ce genre de développement mélodique, d'abord restreint à ce répons et à ce jour, s'étendit bientôt aux autres fêtes de l'octave, et plus tard à toutes les grandes fêtes de l'année. Aux onzième et douzième siècles, en Normandie comme ailleurs, l'usage commençait, et cet usage subsista pendant tout le moyen âge, d'adapter aux répons anciens que l'on voulait chanter solennellement des formules toutes faites, sortes de passe-partout mélodiques, répondant à chacun des modes. Mais pour les offices nouveaux, les passe-partout étaient laissés de côté, et, comme nous le voyons dans l'office de saint Romain, on se donnait la peine, ou plutôt le plaisir, de composer pour chaque répons des vocalises spéciales. Là surtout se déployait le talent de l'artiste et se montrait sa science musicale. L'auteur des répons de saint Romain, un indigène sans doute, a prouvé qu'il connaissait à fond et l'art et la science du chant. Il l'a prouvé par ces riches vocalises, il l'a prouvé par toutes les autres mélodies de son office, mélodies moins lourdes que celles de l'office de la sainte Trinité, premier modèle du genre, comme nous l'avons dit, plus grégoriennes d'allure et de style. Aux onzième et douzième siècles, il y a, dans la composition musicale liturgique, du travail avec un peu de recherche, mais du bon goût, de la sobriété, de la douceur et de la grâce, et beaucoup encore de la simplicité classique de l'art grégorien primitif. Le chant de l'office de saint Romain fait grand honneur à la Normandie, et nous est une preuve à lui seul du soin, de l'art et de la science avec lesquels la musique sacrée y était cultivée au onzième siècle.

La notation musicale au *Livre d'ivoire* n'est point la notation dite usuelle ou neumatique. Celle-ci, ordinairement employée pour les livres liturgiques, était remplacée dans les écoles par la notation alphabétique. La présence de cette notation didactique au *Livre d'ivoire* nous semble indiquer l'existence d'une école de chant à la Primatiale, et d'une école dans les principes grégoriens les plus purs, d'après ce que nous dirons tout à l'heure de la perfection avec laquelle les notes se trouvent groupées. Ces notes sont les lettres du monocorde. Expliquons ce que c'est que le monocorde. Connu de l'antiquité et du moyen âge, étant au onzième siècle encore une partie indispensable du mobilier d'une école de chant, le monocorde était, comme l'indique son nom, un instrument sur lequel était tendue une seule corde. Sous cette corde unique courait un chevalet qui, en variant de position, donnait à la partie vibrante de la corde telle ou telle longueur, et par conséquent, quand on la touchait, telle ou telle note, plus aiguë si la corde était plus courte, plus grave si la corde était laissée plus longue. Sur la table du monocorde étaient gravées les diverses divisions où devait s'arrêter le chevalet pour produire les divers intervalles ou les degrés de la gamme. La corde, partagée en deux, donnait l'octave, *diapason*; avec les deux tiers, on avait la quinte, *diapente*; avec les trois quarts, la quarte, *diatessaron*; avec les quatre cinquièmes, la tierce majeure, *ditonus*; avec les cinq sixièmes, la tierce mineure, *semiditonus*; avec les huit neuvièmes ou les neuf dixièmes, le ton plein, *tonus*, etc. Ces divisions sur le monocorde étaient numérotées par les lettres de l'alphabet, qui servaient de chiffres en ces temps-là. Nos chiffres sont des lettres déformées. A marquait la place du chevalet pour le *la*; B, C, D, etc., pour les notes suivantes : *si, ut, ré*, etc; au-dessus de G venait, pour le *la* supérieur, H; ensuite, toujours en montant, I, K, L, M, etc.

Un des plus précieux avantages, le seul essentiel de la notation neumatique, malheureusement négligé dans la notation actuelle, où toutes les notes se suivent et se ressemblent, c'est d'indiquer, par la forme et la composition même des neumes, le groupement des sons, groupement sans lequel il n'y a pas de phrasé dans le chant, pas de rythme, et sans rythme pas de chant. La notation alphabétique du *Livre d'ivoire* a sagement pourvu à cette nécessité et au rythme ; les lettres y sont groupées, comme les accents et les points dans les neumes, par deux, par trois, par quatre, selon la loi du rythme et le besoin du phrasé. Ce qui nous prouve que le chant de cette époque avait une meilleure allure que de nos temps ; car ceux qui mettaient à écrire le chant le zèle intelligent et le soin scrupuleux dont témoigne le *Livre d'ivoire*, ne pouvaient manquer d'avoir le même zèle et le même soin pour le bien exécuter, pour le bien phraser.

Si, dans la Normandie du onzième siècle, nous rencontrons et cette perfection de l'écriture musicale, et ce qui vaut mieux et va de pair, la perfection de l'exécution, et enfin et mieux encore, la perfection dans l'art de la composition que nous révèle l'office de saint Romain, n'en soyons nullement surpris : la Normandie, il est bon de le dire et de le redire, la Normandie a parmi toutes ses gloires celle d'avoir, avant la plupart des autres provinces, connu et cultivé les mélodies de saint Grégoire. Elle les a connues et cultivées même avant Charlemagne, le grand propagateur du chant romain de ce côté-ci des Alpes. C'était au milieu du huitième siècle, sous Pépin le Bref. Son frère Remedius ou Remigius, saint Remi, occupait le siège archiépiscopal de Rouen. Le roi avait pris à cœur d'introduire déjà dans ses États les offices de l'Église romaine. L'archevêque s'empressa de seconder les efforts du pieux monarque son frère. Une lettre du pape Paul I$^{er}$ à Pépin lui-même donne à ce sujet des détails intéressants et circonstanciés. Nous y apprenons que saint Remi envoya à Rome quelques moines qui y furent très bien reçus. Par ordre du pape, le premier et très habile chantre de l'Église romaine, Siméon, leur donna lui-même avec grand soin, *efficaci cura*, des leçons suivies, jusqu'à ce qu'ils fussent parfaitement exercés dans le chant ecclésiastique : *Præfatos vestri germani monachos contradidimus Simeoni, eosque optime collocantes, solerti industria eamdem psalmodiæ modulationem instrui præcepimus et crebro in eadem donec perfecte eruditi efficiantur, pro amplissima Vestræ Excellentiæ atque nobilissimi germani vestri dilectione, ecclesiasticæ doctrinæ cantilenæ disposuimus efficaci cura permanere*. Dans une autre lettre, le pontife écrit au roi qu'il lui envoie entre autres livres un antiphonaire et un *responsale*.

Une école de chant et des meilleures, dans les traditions romaines les plus pures, se trouve ainsi fondée de bonne heure à Rouen. Désormais Rouen n'aura rien à envier, pour l'enseignement du chant, à Metz, à Soissons, à Saint-Gall et autres centres d'instruction musicale qui s'établissent à la fin du huitième siècle et au neuvième, époque où, du reste, sans sortir de la Normandie, nous voyons, qu'il me soit permis de le rappeler, à Saint-Wandrille même, sous l'abbé Gervold (787-806), la culture des lettres et des arts prendre un si bel essor. Bientôt arrivent les invasions et les dévastations ; en ces temps malheureux, la tradition musicale se continue sans doute encore, mais dans l'ombre, et il nous faut arriver à notre onzième siècle pour en retrouver la trace effacée. Mais nous la voyons, cette tradition, reparaître alors plus florissante que jamais. Dans toute la Normandie c'est un épanouissement merveilleux de l'art musical grégorien. Des maîtres surgissent qui, en passant à divers titres d'une église dans l'autre, d'un monastère dans un autre monastère, apportent avec eux et répandent partout les secrets du chant et l'art d'exécuter les mélodies liturgiques et même d'en composer.

L'émulation est générale, et particulièrement féconde. Au Mont-Sainte-Catherine, près Rouen, venait d'être fondé le monastère de la Trinité. Son premier abbé, Isembert, moine de Saint-Ouen, le gouverna de 1030 à 1052. Plein de zèle pour le culte divin et pour le chant, il avait, étant encore à Saint-Ouen, composé le texte et la musique de l'office propre du patron de son monastère[1] : il réussit, non toutefois sans quelque difficulté, à faire adopter l'office de saint Nicolas, qui lui est également attribué ; office qui, ailleurs aussi, fut l'occasion de

---

[1]. *Divinus Ysembertus, hujus loci primus abbas et rector, Spiritus Sancti gratia laudabiliter rexit monasterium, et quia in liberalibus disciplinis nulli suo tempore inferior habebatur, cum jam esset adhuc apud S. Audoenum, ab abbate Henrico et fratribus obnixe rogatus, historiam B. Audoeni dulci modulamine composuit et beati Nicolai necdum apud nos auditam cantando populavit, unde plures asseverant ab eo editam fuisse, sed humilitatis gratia id profiteri noluisse.* (*Chronicum triplex*, anno 1031. Bibliothèque de Rouen, Y, 124, p. 42.)

quelques incidents[1], mais finit par être au moyen âge accepté dans presque toutes les églises. C'est cet office de saint Nicolas, avec celui de la sainte Trinité, qui servit surtout de modèle pour de nombreux offices propres composés depuis, en particulier pour celui du très saint Sacrement.

Isembert forma des élèves qui devinrent d'excellents musiciens et des maîtres eux-mêmes. Parmi eux mérite d'être d'abord mentionné Ainard le Teutonique, qui, moine du Mont-Sainte-Catherine, devint abbé de Saint-Pierre-sur-Dive. Un autre moine, presque son contemporain, le célèbre historien Orderic Vital, de l'abbaye également normande de Saint-Évroult, nous parle d'Ainard avec éloge (lib. IV, ann. 1072) et le présente comme pleinement instruit dans l'art de versifier et de moduler, comme un très habile et très suave compositeur de chant, ainsi qu'il appert de plusieurs offices notés par lui, entre autres de celui de sainte Catherine, la patronne de son lieu de profession. Cet office devint presque aussi célèbre et aussi répandu que celui de saint Nicolas. Un des répons, *Virgo flagellatur*, était particulièrement goûté. On en calqua plus tard la mélodie pour la transporter sur plusieurs autres répons, entre autres sur le répons *Homo quidam* du dimanche pendant l'octave de la Fête-Dieu, qui se chante encore dans nos églises. Il s'y chante, mais presque partout altéré et mutilé, et avec une méthode d'exécution telle, que l'auteur, même chez lui, reconnaîtrait maintenant difficilement son œuvre.

A l'éloge qu'il fait d'Ainard, Orderic Vital se plaît à associer celui de deux autres abbés, Gerbert et Durand[2], le premier de Saint-Wandrille, le second de Troarn, au diocèse de Bayeux. Ces trois archimandrites, comme il les appelle dans son style un peu recherché, étaient en ce temps trois grandes lumières de l'Église. Ils y brillaient comme trois étoiles au firmament, *Gerbertus Fontanellensis et Ainardus Divensis et Durandus Troarnensis, quasi tres stellæ radiantes in firmamento cæli, sic isti tres archimandritæ multis modis rutilabant in arce Adonai*. Enflammés de zèle pour louer le Seigneur dans son temple, ils s'y appliquaient constamment. Ils possédaient la science musicale et se distinguaient entre tous dans l'art de chanter avec suavité, et composèrent des mélodies d'antiennes et de répons pleines de douceur. *Studio divinæ laudationis in templo Dei jugiter inhiabant, inter præcipuos cantores scientia musicæ artis ad modulandum suaviter politi sunt : et dulcisonos cantus antiphonarum atque responsoriorum ediderunt*. Sous Isembert également, le Mont-Sainte-Catherine comptait, parmi ses moines musiciens, Osberne, qui, né dans le pays de Caux, fut d'abord, avant de prendre l'habit monastique, chanoine de Lisieux, et mourut abbé de Saint-Évroult. Il est dit de lui que par ses exhortations et, au besoin, par le moyen plus énergique des verges, *verbis et verberibus*, il obligeait ses jeunes moines à bien lire, à bien chanter et à bien écrire. Plein de dévouement, du reste, et de complaisance pour ses élèves, il leur préparait de ses propres mains les tablettes enduites de cire, et quand ils avaient à écrire sur parchemin, l'encre nécessaire pour cela.

---

1. *Revue du Chant grégorien*, 3ᵉ année, n° 10, p. 148.

2. Durandus, nepos abbatis Geraldi, Sancti Wandregisili a pueritia monachus, ejus (Ysemberti) fuit discipulus et auditor, quem tam in philosophia quam in arte musica cum divinæ legis notitia perissimum reddidit. Hic... plures sanctorum historias composuit. (*Chronicon triplex*, p. 42.) — Dans le style de l'époque, le mot *historia* désigne proprement l'office dont les antiennes et les répons sont empruntés aux actes du saint, et par extension tout office propre.

En ces mêmes temps, à Saint-Évroult, se firent remarquer par leur science du chant. Witmond, à la fois littérateur et musicien, *grammaticæ artis et musicæ peritissimus;* Arnoul, qui avait été disciple de Fulbert de Chartres et chantre chartrain; et aussi Rainald le Chauve, Roger de Sapo, et Turstin, *cantor egregius Uticensis*, qui vécut aussi à Saint-Étienne de Caen, ou bien eut là un homonyme, émule de sa science musicale.

Pour revenir au Mont-Sainte-Catherine, remarquons encore que ce monastère n'eut pas toujours à donner, comme lorsque Ainard en partit pour Saint-Pierre-de-Dives : à son tour il reçut des présents d'autres monastères, en particulier un très précieux en la personne de Gautier, moine de Fontenelle, qui lui fut donné pour abbé après Raynerius, successeur d'Isembert, et se trouvait être, lui aussi, un habile chantre. Gautier est nommé parmi les prélats qui assistèrent à Rouen à la translation du chef de saint Romain. Il put alors avoir l'occasion de prendre part au chant des antiennes et des répons du *Livre d'ivoire*.

Nous trouvons, à cette même époque, entre pays et entre écoles d'autres échanges. Arnoul, que nous mentionnions tout à l'heure comme disciple de saint Fulbert, attire, pendant qu'il était à Chartres, plusieurs Normands qui vinrent à l'école de Fulbert se former dans la science du chant. Cette école fut, un moment, très célèbre, grandement favorisée qu'elle était par le roi Robert, lui aussi musicien et compositeur. On attribue à la collaboration de l'évêque et du roi les magnifiques répons de la Nativité de la sainte Vierge, *Stirps Jesse*, *Solem justitiæ* et *Ad nutum Domini*, dont le texte se compose de distiques, comme certaines parties de l'office de saint Romain. La musique de ces répons offre les particularités déjà signalées plus haut comme étant celles de tous les chants composés à cette époque. Au point de vue du caractère mélodique, l'analogie entre les compositions de Chartres et celles de Rouen est également frappante. L'office de saint Gilles, qui se trouve en neumes dans un manuscrit chartrain, comme aussi dans un manuscrit venant de Jumièges, et en notes guidoniennes dans un antiphonaire de Beauvais, est aussi du même style; on en attribue la composition à Fulbert lui-même [1].

Rouen, grâce à ces relations avec Chartres, n'en cultivait et n'en pratiquait que mieux l'art du chant. Gui, archidiacre de Rouen, fut donné à l'Église du Mans pour être préchantre de la cathédrale; il succéda ensuite à Hildebert sur le siège de saint Julien.

Nous n'en avons pas fini avec les gloires musicales de la Normandie au onzième siècle.

C'est à cette époque que, outre l'office de saint Romain et celui de sainte Catherine, se composent et se notent les offices propres de saint Wandrille, de saint Ansbert et de saint Vulfran, contenus avec leurs neumes dans le manuscrit du *Chronicon majus Fontanellense* à la bibliothèque du Havre. L'auteur de l'office de saint Vulfran est Angelran, moine de Saint-Riquier, monastère ayant conservé avec celui de Saint-Wandrille des liens de fraternité et de dévotion depuis l'hospi-

---

1. On trouvera cet office de saint Gilles, avec sa notation, dans l'ouvrage de M. René Merlet et de M. l'abbé Clerval, intitulé *Un Manuscrit chartrain du onzième siècle* (in-4°, Chartres, 1893), ainsi qu'un commentaire sur sa composition musicale et liturgique, d'après les notes que nous avons été heureux de pouvoir communiquer, avec les variantes des deux principaux manuscrits, celui de Chartres conservé actuellement à Saint-Étienne, et celui de Beauvais, à la bibliothèque Sainte-Geneviève, de Paris.

talité donnée aux moines de Fontenelle, lorsque ceux-ci, fuyant les barbares avec leurs corps saints, cherchèrent refuge en divers lieux, particulièrement à Saint-Omer et finalement à Blandain, près de Gand. Angelran nota également un office de saint Valery.

Le goût pour la musique fut tel à cette époque, en Normandie, qu'en certaines circonstances les bornes posées par les Pères furent franchies ; des innovations furent tentées. Le croirait-on ? Au onzième siècle, les cantiques en langue vulgaire firent leur apparition : le phénomène fut isolé : il ne s'étendit pas loin, et nous ne voyons pas qu'il eut une durée sérieuse ; mais il est curieux à relever.

Dans le récit des miracles de saint Vulfran, publié par Dom Mabillon dans ses *Acta SS. O. B.* (sæc. III, part. 1, page 361), il est question d'un certain Tetbaldus de Vernon, chanoine de l'Église de Rouen, qui, s'occupant de vies de saints, traduisit du latin en langue vulgaire celle de saint Wandrille, et composa là-dessus, en l'honneur de ce dernier, des cantilènes qui imitaient quelque peu le rythme populaire sans avoir rien de rustique. *Tetbaldus Vernonensis, gesta sancti Wandregisili a sua latinitate transtulit, atque in communis linguæ usum satis facunde refudit, ac sic ad quamdam tinnuli rhythmi similitudinem, urbanas ex illis cantilenas edidit.*

A Fécamp, une tentative plus grave fut un objet d'étonnement pour beaucoup, et aussi de critiques ; elle devint même l'occasion de troubles dans un autre monastère, où l'abbé voulut, mais en vain, introduire l'innovation musicale de Fécamp : il ne réussit qu'à se rendre lui-même impossible et dut quitter la place et rentrer dans le monastère d'où il avait été tiré. C'est l'annaliste anglais Roger de Hoveden qui nous fait connaître le trouble advenu au monastère de Glastonbury, car c'est là qu'eut lieu l'insurrection, lorsque Turstinus, tiré de Saint-Étienne de Caen par le roi Guillaume pour être placé à la tête de l'abbaye anglaise, eut la malencontreuse idée d'obliger ses religieux de laisser de côté le chant grégorien pour prendre le chant de Guillaume de Fécamp[1]. Ce Turstinus pourrait bien être le même que le chantre de Saint-Évroult, *cantor egregius Uticensis*, rencontré plus haut. En tout cas, il avait été le compagnon d'études de Guillaume et avec celui-ci parmi les protégés d'Odon, évêque de Bayeux. Rien de surprenant que plus tard il ait voulu si chaleureusement appliquer ses idées novatrices. Guillaume de Ros (abbé de Fécamp de 1082 à 1107) fut d'abord chantre, doyen et archidiacre de l'Église de Bayeux, puis embrassa la vie monastique à Saint-Étienne de Caen, et c'est de là qu'il vint gouverner l'abbaye de Fécamp, où il introduisit les nouveautés musicales dont les moines de Glastonbury ne voulurent à aucun prix. Quelles étaient donc ces nouveautés ? Nous allons l'apprendre de la plume d'un prélat breton, Baudry, archevêque de Dol, racontant une visite qu'il fit à Fécamp au temps de l'abbé Guillaume. « Dans cette église, dit-il, une chose me fit un plaisir non médiocre : j'y vis un instrument de musique composé de tuyaux qui, sous l'action de soufflets de forge, rendait une agréable mélodie ; cet instrument donnait en même temps des sons graves,

---

[1]. *Seditio nefanda inter monachos et indigne nominandum abbatem Turstinum Glastoniæ facta est : quem rex Wilielmus de monasterio Cadomi nulla prudentia instructum, eidem loco abbatem præfecerat. Hic inter cetera stultitiæ suæ opera, gregorianum cantum aspernabatur ; et monachos cœpit compellere, ut, illo relicto, cujusdam Wilielmi Fiskannensis cantum discerent et cantarent.* (*Ex Annalibus Rogeri de Hoveden.* D. Bouquet, t. XI, p. 315.)

moyens et aigus, en produisant d'une façon continue la note de l'octave, en sorte que l'on aurait cru entendre un chœur d'enfants, de vieillards et de jeunes gens chantant simultanément chacun dans sa voix. Cet instrument était appelé *orgue* et se faisait entendre à des moments déterminés [1]. »

Ceci répond parfaitement à ce que, déjà au neuvième siècle, nous apprennent les traités de musique sur l'art d'harmoniser ou de jouer de l'orgue, *de arte organandi*. Cet art se trouvait encore, au onzième siècle, à l'état d'enfance, et ne sortit des langes qu'après plusieurs autres siècles. La vraie science des accords et de l'harmonie ne date véritablement que du quinzième siècle. Ce qui rendait plus ou moins supportable cette diaphonie par octave et par quinte continue, surtout celle par octave, même avant qu'on en corrigeât les effets par le mouvement contraire des parties, c'est ce que signale ici notre visiteur : à savoir le rapport de ces chants simultanés avec ce qui résultait du mélange des voix d'hommes et d'enfants. La raison mystique ou symbolique venait aussi s'y mêler, et c'est celle-là surtout qui charme l'archevêque de Dol. « Ce n'est pas, dit-il, que je goûte beaucoup de plaisir à ces modulations de l'orgue ; mais cela excite mon intelligence en me faisant penser à un rapprochement : de même que des tuyaux multiples, variés de grandeur et de poids, donnent sous l'impulsion du vent des sons différents dont le concours produit une seule cantilène, de même aussi les hommes animés par le souffle de l'Esprit-Saint doivent se réunir dans une même pensée et une même volonté. Comme les diverses pierres pour un édifice ont besoin d'être taillées et polies, puis cimentées, les planches qui entrent dans un meuble ont besoin d'être rabotées, ajustées et collées ensemble : ainsi les hommes, créatures intelligentes, doivent être formés et travaillés, puis unis par le gluten de la charité : c'est ce que nous enseignent les orgues dans l'église. Et ne sommes-nous pas les *organa* de l'Esprit-Saint ? Et le Seigneur, dans toute la création, qu'a-t-il fait ? Un ensemble harmonieux résultant d'éléments divers, tous reliés par l'accord que produit le rythme. » C'est ainsi que l'introduction des orgues dans l'église de Fécamp, par l'abbé Guillaume, se trouve justifiée, quoi qu'en puissent dire et penser les injustes détracteurs de cette instructive invention. Celle-ci, plus tard, devait heureusement avoir d'autres avantages que celui de nous instruire par un symbole, quelque éloquent et bien fondé qu'il soit.

Tel qu'il est aujourd'hui, l'orgue ne mérite assurément pas les anathèmes dont les moines de Glastonbury le chargeaient. Si toutefois il devait, comme ils s'en plaignaient, distraire du chant grégorien, et le faire mépriser, ce qui n'est pas et ne peut être, c'est avec raison que nous devrions encore crier *baro* sur l'usurpateur. Pour avoir ce droit, il faut aussi que le plain-chant soit et demeure ce qu'il doit être, ce qu'il était au onzième et au douzième siècle dans nos églises de Normandie, et ce qu'il pourrait y être maintenant encore.

*(Voir plus loin l'Office noté de saint Romain.)*

---

1. Ibi siquidem instrumentum vidi musicum fistulis ex eis compactum, quod follibus excitum fabrilibus, suavem reddebat melodiam, et per continuam diapason et per symphoniæ sonoritatem, graves et medias et acutas voces uniebat, ut quidam concinentium chorus putaretur clericorum, in quo pueri, senes, juvenes jubilantes convenirent et continerentur : organa illud vocabant, certisque temporibus excitabant. (*Ex relatione Baldrici, Dolensis archiepiscopi in Armorica.* — *Neustria pia*, p. 230.)

# II

# MÉMOIRE

SUR

## QUELQUES ANCIENS LIVRES DE CHŒUR

### DE L'ÉGLISE DE ROUEN

des treizième, seizième et dix-septième siècles

PAR

L'ABBÉ A. COLLETTE

*Aumônier au Lycée de Rouen*

MESSIEURS,

La question du chant liturgique a pris depuis quelques années, en France comme à l'étranger, une particulière importance. C'est aux Bénédictins de Solesmes, et spécialement à Dom Pothier, actuellement prieur de l'abbaye de Saint-Wandrille, que revient l'honneur de cet intéressant mouvement, et l'initiative intelligente de ce retour heureux à des traditions oubliées ; car la restauration du chant d'église entreprise par eux n'a pas d'autre but que de le ramener à sa forme primitive. Pour cela ils se sont efforcés de recueillir les plus anciennes versions du chant liturgique, contenues dans les manuscrits neumatiques des neuvième, dixième, onzième et douzième siècles, disséminés dans toutes les bibliothèques du monde. Or, chose curieuse, ces manuscrits de provenances diverses ont donné tous une version uniforme, indice certain de leur origine commune [1].

La plupart des plain-chantistes ont accepté sans hésiter les théories de l'école de Solesmes sur la lecture des neumes et l'exécution du chant ; il s'en est rencontré quelques-uns cependant qui les ont contestées, peut-être sans bien les comprendre, et qui, non contents de se poser en détracteurs des Bénédictins, ont tout mis en œuvre pour empêcher qu'on ne restaurât le chant d'église conformément à leurs principes. D'après eux, et c'est là leur grand argument, la notation neumatique serait encore lettre morte, par conséquent il faudrait considérer la version donnée par les moines de Solesmes comme très discutable, et n'accepter leur chant que sous bénéfice d'inventaire. Il nous a semblé que le meilleur moyen de convaincre ces adversaires, trop peu au courant de ces questions pour suivre les savantes dissertations écrites sur ces matières, serait de se servir d'un argument de fait, en leur montrant que la tradition grégorienne n'est pas confinée dans ces neumes indéchiffrables, comme beaucoup le croient, mais que jusqu'à la fâcheuse réforme du siècle dernier, dont malheureusement nous subissons encore aujourd'hui les conséquences, tous nos livres de chant manuscrits et imprimés l'avaient conservée et respectée. C'est ce que nous avons essayé d'établir dans ce mémoire. Pour rendre notre démonstration plus convaincante, nous n'avons voulu prendre, comme objet de notre étude, que des livres de chœur de l'Église

---

[1]. Ces manuscrits ont été reproduits en grande partie dans la *Paléographie musicale*, publiée à Solesmes.

de Rouen, nous arrêtant aux suivants qui nous ont paru plus particulièrement intéressants :

1° *Missel plénier noté, du treizième siècle*, provenant de la Cathédrale ;
2° *Antiphonaire incunable*, imprimé pour le diocèse vers l'an 1500 ;
3° *Graduel et Antiphonaire*, publiés par François II de Harlay en 1662.

Or, nous affirmons qu'à part de légères variantes, le chant de ces différents livres est absolument conforme à celui que le R. P. Dom Pothier a publié d'après les plus anciens manuscrits, si bien même qu'on pourrait dire de ces vieux livres rouennais, comparés à ceux des Bénédictins, ce que Lebrun-Desmarettes disait de la liturgie de Rouen de son temps, comparée à celle de Jean d'Avranches, qu'un œuf ne ressemble pas plus à un œuf que ces livres ne se ressemblent entre eux : *Plerumque ita consonant ut non ovum ovo similius esse videatur* [1]. Il s'ensuit que les livres dont nous nous servons aujourd'hui dans le diocèse sont aussi différents des anciens livres de Rouen, qu'ils le sont de ceux de Dom Pothier. Avant d'établir cette conformité du chant rouennais ancien avec le chant grégorien, disons un mot d'abord des livres que nous avons étudiés, en les classant par ordre d'ancienneté.

### 1° Missel plénier noté de la Cathédrale de Rouen

Ce curieux manuscrit se trouve à la bibliothèque de la ville de Rouen *(vieux fonds, Y 50)*. Il contient d'intéressantes miniatures, et des lettres ornées d'un très bon style, qui, comme l'écriture, portent bien le cachet du treizième siècle. Toutes les parties chantées des messes du propre du temps et des saints, ainsi que du commun, y sont entièrement notées. Le Kyriale malheureusement fait défaut. A la fin se trouve un recueil de proses pour les dimanches et les principales fêtes de l'année ; il n'y en a pas de propres à l'Église de Rouen.

### 2° Antiphonaire incunable, imprimé vers l'an 1500

Cet antiphonaire, entièrement imprimé sur vélin, appartient aussi à la bibliothèque municipale de Rouen *(fonds des incunables, 10*.)* Il ne porte malheureusement pas de date, le titre et le colophon ayant disparu : mais le style de ses lettres ornées, de ses fleurons et de ses culs-de-lampe, ainsi que la forme de ses caractères gothiques, indiquent bien qu'il n'est pas postérieur aux premières années du seizième siècle.

### 3° Graduel et Antiphonaire de 1662

#### (Collection de M. l'abbé Fleury)

Ces livres, imprimés par ordre de l'archevêque François II de Harlay, sont conformes pour le texte au Bréviaire de Rouen de 1642 [2]. Moins corrects au point de vue de la notation que les précédents, ils conservent cependant presque intact le chant traditionnel.

---

1. Johann. Abrinc., præf., p. 2, édition de 1679.
2. Le Bréviaire de 1662 n'était que la réimpression de celui-là.

— 19 —

Les antiques et jolies proses dans lesquelles François Ier de Harlay prétendait voir *beaucoup de grandes faultes et impertinences*, dont Rome du reste n'autorisait plus l'usage à la messe, ne s'y trouvent plus. Parmi les pièces propres au diocèse de Rouen, on y remarque l'office de saint Romain, entièrement conforme aussi bien pour le texte que pour le chant à celui du onzième siècle noté en lettres, que renferme le livre d'ivoire [1].

Notre étude a porté sur deux points principaux : 1° la notation ; 2° l'intégrité du texte musical.

### 1° Notation

Dans ces différents livres, la notation traditionnelle s'est heureusement conservée, les notes ont leur forme classique, les neumes sont bien groupés, des blancs ayant été ménagés entre eux comme il convient. Or, cette question de la notation n'est pas indifférente : « Lorsque les neumes sont écrits avec soin et figurés comme ils doivent l'être, dit Gui d'Arezzo, il est aisé de montrer sans explication, par leur configuration même, comment les sons peuvent devenir liquescents ; s'ils doivent être liés ou disjoints en chantant ; quels sont ceux qui seront prolongés, trémulés ou précipités. » Mais comment faire ces distinctions avec le système actuel de notation à notes indépendantes, ou à peu près, les unes des autres. Imaginiez un texte quelconque dont les lettres seraient ainsi mises à la queue-leu-leu, sans aucun lien pour réunir les syllabes et grouper les mots ; non seulement on ne pourrait le lire couramment, mais c'est à peine si on pourrait l'épeler. Or, dans le chant, les notes sont des lettres, les neumes des syllabes, et ces neumes groupés ensemble forment pour ainsi dire les mots de la phrase mélodique. « Cette manière de combiner les notes et de les figurer, inventée par l'antiquité et constamment observée pendant tout le moyen âge et jusqu'au siècle dernier, importe beaucoup, dit Dom Pothier, à la bonne exécution du chant. Aussi saint Bernard recommande-t-il à ceux qui ont à noter les livres, de se tenir pour bien avertis de n'avoir pas à séparer les notes unies ensemble, ou à réunir celles qui sont séparées, parce que de tels changements entraineraient dans le chant de graves dissemblances. Toutes ces règles ont été scrupuleusement observées par le copiste et les éditeurs des livres que nous avons étudiés ; le manuscrit en particulier est d'une merveilleuse perfection ; les imprimés, l'incunable surtout, ne lui cèdent pas beaucoup d'ailleurs en correction ; tous ont gardé, comme nous l'avons dit, la notation traditionnelle ; on y retrouve la clivis, le strophicus, le porrectus, le podatus, sauf dans les livres de 1662, où il est ainsi modifié, et presque tous les autres neumes dans leur forme classique. Il fallait vraiment que les novateurs du siècle dernier eussent perdu l'intelligence du chant, pour abandonner cette notation si claire et si rationnelle.

### 2° Intégrité du texte musical

Une seconde remarque que nous devons faire sur ces livres, c'est que le texte mélodique y est intégralement conservé ; les jolies cantilènes des graduels,

---

1. Voir le rapport de Dom Pothier.

qui ont subi dans nos livres modernes de si fâcheuses et si maladroites mutilations, y sont intactes ; la finale du verset alléluiatique a seulement été écourtée dans le manuscrit Y$^{20}$, à cause de la prose qui le suivait immédiatement. Les proses ayant été supprimées, ces finales furent rétablies dans l'édition de 1662.

Mais quand vinrent les barbares du dix-huitième siècle, ces mélodies si délicates, aux gracieux contours, aux fines broderies, furent traitées comme nos vieilles cathédrales gothiques ; on ne comprenait pas plus alors les unes que les autres, aussi les défigura-t-on à plaisir. Ces antiques mélopées que nos pères s'étaient pieusement transmises, comme un héritage inviolable et sacré, furent amputées avec aussi peu de scrupule que de goût ; on retrancha tout ce qui paraissait faire longueur, on écourta les neumes, et on supprima impitoyablement toutes les répétitions mélodiques d'un si gracieux effet. Ainsi mutilées et tronquées, certaines pièces liturgiques, les graduels en particulier, devinrent absolument informes. En traitant le plain-chant de la sorte, on semblait prendre à tâche de le discréditer.

Les hymnes ne furent pas plus respectées que les répons ; sans doute ces pièces au chant syllabique ne purent être écourtées, mais on en dénatura le caractère à plaisir. A la place de l'accentuation métrique, à laquelle on ne comprenait plus rien, on leur donna un rythme vulgaire à deux ou trois temps, où l'art n'avait plus rien à voir. L'hymne *Creator alme siderum*, mesurée à trois temps, est un des spécimens les plus réussis de la manière mise alors à la mode [1].

Intactes dans le manuscrit et dans l'incunable, les mélodies grégoriennes subirent une petite déformation dans les livres du dix-septième siècle, par suite de la préoccupation qu'eurent les éditeurs de corriger toutes les pénultièmes brèves chargées de neumes, en reportant sur la syllabe précédente les groupes de notes qui s'y trouvaient. Alors comme aujourd'hui, les humanistes ne pouvaient se faire à cette idée qu'une pénultième brève (car pour les autres brèves, et cela est bizarre, ils n'en avaient cure) pût porter plusieurs notes, et volontiers ils auraient traité d'ignorants et de barbares et saint Ambroise, et saint Augustin, et saint Léon, et saint Grégoire, et tous les mélodistes grégoriens, qui tolérèrent une pareille chose. Ces prétendus barbares connaissaient mieux que nous cependant les règles de l'accentuation latine, car ils étaient aussi bons grammairiens qu'excellents musiciens ; et quand ils s'en affranchissaient, ce n'était ni par ignorance, ni par négligence, mais pour se conformer à un principe qu'ils considéraient comme supérieur, le principe de l'*intégrité de la mélodie* et de la prééminence du *rythme musical*. « Pour sauvegarder l'accent, dit Dom Mocquereau, ils employaient toutes les transactions possibles ; mais quand ils avaient atteint les limites de la condescendance, ils n'hésitaient pas à ployer momentanément le texte sous le joug doux et puissant de la phrase musicale. »

En fait, quand, pour décharger la pénultième brève, on reporte toutes les notes qu'elle soutenait sur la syllabe précédente, le rythme de la phrase mélodique se trouve toujours brisé [2]. Aussi les anciens, qui avaient le sentiment du rythme musical très développé, n'hésitaient-ils jamais, quand il le fallait, à lui sacrifier

---

1. Voir là-dessus la méthode de Poisson.
2. Cette dislocation du rythme musical est encore accentuée par la manie qu'on eut dès lors de charger toutes les finales d'une note supplémentaire.

l'accentuation des paroles. Sans doute, quand la cadence musicale se rencontre avec celle du texte, la cadence *plana* par exemple avec le *cursus planus*[1], cela est parfait; mais cette rencontre n'est pas toujours possible, tous les textes n'étant pas écrits selon les règles du *cursus*, les versets de la sainte Écriture en particulier. Or, on sait que le Psautier fait le fond de la liturgie.

A part ces légères altérations, le texte musical des livres de 1662 était conforme à la tradition grégorienne, et il faut regretter que lors de la réforme de la liturgie, en 1861, on ne l'ait pas repris. Il aurait été facile de lui rendre sa pureté primitive par quelques retouches, et de le compléter en y ajoutant les offices nouveaux écrits dans le même style. On aurait ainsi renoué heureusement le présent au passé, rétabli la tradition si fâcheusement interrompue par les réformateurs de 1728 (de vrais barbares, ceux-là!), et aujourd'hui nous chanterions encore cet antique chant de l'Église de Rouen, qui n'aurait jamais dû cesser de retentir sous les voûtes de notre vieille cathédrale, car il fut celui de nos pères pendant plus de mille ans.

---

1. Le *cursus planus* est formé d'un mot à désinence paroxytonique, *benignus, cleménter*, suivi d'un trisyllabe accentué sur la pénultième: *illústra, exaúdi* (équivalents: *in cælis, in ménte*); on a alors *benignus illústra, cleménter exáudi*.

III

# MÉMOIRE

SUR

# L'ART DANS LES MÉLODIES LITURGIQUES

ANCIENNES ET MODERNES

PAR

L'ABBÉ A. BOURDON

DE L'ACADÉMIE DES SCIENCES, BELLES-LETTRES ET ARTS
DE ROUEN

MAITRE DE CHAPELLE A LA PRIMATIALE

Monsieur le Président,
Mesdames,
Messieurs,

Les derniers travaux paléographiques dont le répertoire de la musique liturgique a été l'objet, ont mis deux points importants désormais hors de discussion.

Le premier point démontre le procédé de composition employé par les auteurs des mélodies antiques.

Le second point fixe l'âge de ces mélodies.

Ces deux points ont pour critérium le *cursus littéraire*, sur lequel a été calqué un *cursus musical*.

I

« On entend par *cursus* certaines successions harmonieuses de mots et de syllabes, que les prosateurs grecs ou latins employaient à la fin des phrases ou des membres de phrase, afin de procurer à l'oreille des cadences nombreuses et d'un agréable effet.

« Si ces agencements de syllabes sont basés sur la quantité, le cursus est métrique; s'ils sont basés sur l'accent et le nombre des syllabes, le cursus est rythmique ou tonique [1].

« L'existence du cursus métrique et du cursus rythmique est désormais un fait incontestable. » (*Paléographie musicale*, t. IV, c. II, p. 27.)

---

1. Voici le schéma des trois principaux cursus rythmiques :

    1° Cursus planus   / . | . / .   (cinq syllabes et deux accents);
    2° Cursus tardus   / . | . / . .   (six syllabes et deux accents);
    3° Cursus velox   / . . | . . . / .   (sept syllabes et deux accents).

L'oraison de l'*Angelus* contient ces trois cursus :

    Grátiam tuam, quæsumus Dómine méntibus    nóstris infúnde    (1°)
    Ut qui Angelo nuntiánte, Christi Filii tui incarnati-ónem cognóvimus    (2°)
    Per passiónem ejus et crucem ad resurrectiónis    glóriam perducámur    (3°).

« Le cursus métrique fut employé, dans les premiers siècles de l'ère chrétienne, par de nombreux auteurs, tant profanes que chrétiens, et spécialement par les liturgistes qui participèrent à la composition du sacramentaire romain. Cependant, tout en restant soumis pour un temps à la quantité, ce cursus ne tarda pas à subir certaines modifications, indices avant-coureurs et préparatoires d'une transformation radicale des lois qui jusqu'alors avaient réglé les cadences prosaïques.

« On sait que, dans la langue latine, la quantité et l'accentuation se disputèrent longtemps la prédominance, et que, finalement, l'ancienne prosodie disparut de la prononciation ordinaire pour faire place au principe de l'accentuation. Vers l'an 400, cette lutte était terminée. » (*Ibid.*, loc. cit., p. 30.)

Je viens de vous citer la *Paléographie musicale* des Bénédictins, publiée à Solesmes. Permettez-moi, Messieurs, pour gagner du temps, de vous citer M. Jules Combarieu, qui, dans un article publié par le *Correspondant*, du 25 décembre 1894, sous ce titre : *Le plain-chant et le pape saint Grégoire le Grand*, s'exprime ainsi au sujet du cursus :

« Ce n'est pas une vaine curiosité ou un dilettantisme purement littéraire qui a tourné vers l'étude de ce phénomène l'attention de savants tels que Charles Thurot, Noël Valois, Louis Havet ; il suffit, en effet, de connaître ses lois et l'époque où on a cessé de les pratiquer, pour que le cursus devienne un critérium précieux, permettant de corriger la leçon des manuscrits lorsqu'elle est douteuse, et de déterminer la date ou l'authenticité de certaines chartes. Ainsi, tel détail de costume ou de coiffure permet de fixer l'époque de l'art antique à laquelle appartient telle statue ; ainsi, dans un manuscrit français, il suffirait de trouver la mention d'instruments de musique aujourd'hui hors d'usage, ou certaines locutions tombées en désuétude, pour déterminer, sinon la date exacte à laquelle le manuscrit a été exécuté, au moins la période de temps à laquelle il serait nécessairement antérieur.

« C'est précisément un service de ce genre que l'étude du cursus, enrichie d'observations nouvelles, vient de rendre au problème de l'authenticité des mélodies grégoriennes. Il y a, en effet, un cursus musical, c'est-à-dire une clausule de la phrase où les syllabes accentuées sont représentées par des notes plus élevées que les autres, et les syllabes atones par des notes plus basses. Voici, en deux mots, le raisonnement rigoureux que Dom Mocquereau a pu établir :

« Dans les répertoires liturgiques des trois principaux dialectes du plain-chant (ambrosien, grégorien, mozarabe), on trouve, reproduites des *milliers de fois*, plus de cent cadences imitant les ondulations rythmiques du cursus planus littéraire, sur lesquelles on les a évidemment calquées.

« Or, nous savons que, du huitième au douzième siècle, la pratique du cursus a été généralement abandonnée par les écrivains ; c'est la conclusion à laquelle est arrivé M. W. Meyer, après avoir étudié un grand nombre d'auteurs de tous les pays. M. Noël Valois, dans son *Étude sur le rythme des bulles pontificales*, a constaté qu'à partir du milieu du septième siècle le cursus est « plus ou moins « mal observé, souvent entièrement méconnu ». De son côté, M. l'abbé Couture témoigne qu' « à partir de saint Grégoire le Grand, le rythme semble s'exiler pour « quatre siècles de la prose littéraire ».

« Donc, la mélodie grégorienne peut être considérée comme contemporaine du procédé littéraire d'après lequel on l'a construite, c'est-à-dire antérieure au milieu du septième siècle ; et comme le pape saint Grégoire a précisément régné jusqu'au commencement de ce septième siècle, l'Église rentre en possession, sur nouveaux titres, de sa croyance traditionnelle.

« Ce raisonnement est fort simple ; la difficulté était de bien établir et de mettre hors de toute contestation les faits sur lesquels il repose. Dom Mocquereau y est arrivé par un labeur qui honore autant son courage que sa perspicacité ; il a entouré chacune des propositions qui précèdent d'un luxe de preuves expérimentales, capables de satisfaire l'esprit le plus exigeant. Soignée dans ses moindres détails, d'une éloquence que créent la logique et la force des idées, sa dissertation ressemble, au point de vue de l'argumentation, à certains châteaux-forts bâtis sur le roc avec des murs de trois mètres d'épaisseur et des sous-sols d'une stratégie savante. Grâce à ce travail solide et décisif, qu'on chercherait vainement à entamer par quelque endroit, et où tous les points sont défendus par des légions de preuves dont la seule vue a quelque chose d'accablant, le grand nom du pape saint Grégoire continue à dominer l'étude de la musique religieuse... »

Retenons donc ces deux faits, Messieurs :

*L'influence de l'accent tonique latin sur les chants de l'Église latine est manifeste.*

*La mélopée liturgique de l'Église latine a eu son épanouissement complet du quatrième au septième siècle.*

« Les thèmes mélodiques des diverses classes de chants ornés — répons, introïts, graduels, alléluias, traits, offertoires, communions — sont tirés pour la plupart du fonds primitif de l'antiphonaire de Rome... Évidemment nous nous trouvons au septième siècle en présence d'un art avancé, conscient de son principe, ayant ses règles, ses formules arrêtées pour chaque classe de compositions. » Ainsi s'exprime M. Gevaërt, (*Les Origines du chant liturgique de l'église latine*, IV, p. 37.)

Je tire rapidement, Messieurs, de ces faits aujourd'hui constatés par le monde savant, les principales conséquences qu'ils emportent avec eux.

## II

La correspondance du cursus littéraire et du cursus musical, calqués évidemment celui-ci sur celui-là, établit, à n'en pas douter, que le fonds des mélodies grégoriennes a été composé à la plus belle époque de la littérature chrétienne. Dès lors, il n'est plus permis de qualifier leurs auteurs d'ignorants ou de barbares.

Ces musiciens savaient leur grammaire, ils possédaient le génie de leur langue, ils n'ignoraient pas les règles de la quantité, ils connaissaient parfaitement les lois de l'accentuation, et ne s'arrêtaient point pour faire usage de leur savoir à des puérilités d'écoliers à peine échappés au rudiment. Saint Ambroise, saint Augustin, saint Léon le Grand, les Gélase, les Grégoire le Grand, savaient fort bien distinguer les pénultièmes brèves que les préjugés de notre éducation classique moderne nous ont fait transformer en pont aux ânes pour les musiciens de l'antiquité. Et pourquoi s'élever si fort aujourd'hui contre le procédé qui permet au musicien de placer plusieurs notes sur une pénultième faible comme sur toutes les autres syllabes, pour le besoin de sa mélodie ?

« ... Sous ce rapport », écrit D. J. Pothier, dans son livre *Les Mélodies grégo-*

*riennes*, qui demeure le compendium le plus complet et le plus sûr de la doctrine musicale chrétienne, « sous ce rapport nous n'apercevons pas la moindre divergence dans les manuscrits. Bien plus, cette pratique, qu'on a voulu attribuer à des âges ignorants ou barbares, est suivie par les Grecs aussi bien que par les Latins. Qu'on ouvre un livre de chant soit manuscrit, soit imprimé, de la liturgie grecque, on trouvera, tout aussi bien que dans les livres occidentaux : *Kyrie*, par exemple, avec une série plus ou moins longue de notes sur la pénultième *ri*. Faut-il dire que les Grecs ignorent les conditions de prononciation de leur langue, lorsque, même à une époque déjà tardive, ils l'écrivent avec une pureté toute classique ? Pour la langue latine, bien qu'elle ait perdu, avec le temps, plus que le grec, si l'on veut cependant trouver un beau latin, c'est encore dans les préfaces, les oraisons et les autres compositions liturgiques des Ambroise, des Léon, des Gélase, des Grégoire, qu'il faut aller le chercher ; et l'on voudrait que la manière de prononcer et de chanter adoptée par ces maîtres de la parole comme de la doctrine, ne soit ni bonne ni acceptable ! » (*Les Mélodies grégoriennes*, ch. XII, p. 172.)

En vérité, il n'est pas un musicien connaissant son art qui veuille s'astreindre à cette règle puérile des pénultièmes brèves, inventée de nos jours, et qui a fait bouleverser lamentablement les plus belles de nos mélodies liturgiques.

Les compositeurs antiques mettaient une fidélité presque intransigeante à sauvegarder les lois de l'accent tonique lorsqu'ils écrivaient un chant syllabique pour lequel le rythme du texte devient celui de la musique. Mais, quand ils composaient un chant mélismatique, leur préoccupation se portait avant tout à sauvegarder le rythme musical, à maintenir l'*indivisibilité* des formules consacrées, à ménager l'agrément des répétitions heureuses, à amener harmonieusement leurs cadences, à rendre dans la langue des sons l'idée générale du texte, sans se préoccuper de la matière tout à fait inférieure des syllabes, auxquelles ils ne demandaient pas autre chose qu'un point d'appui pour leur musique ; et, en ne se préoccupant point des pénultièmes brèves, ils restaient d'accord avec leurs grammairiens les plus autorisés et leurs musicistes les plus entendus.

Interrogeons sur ce point quelques-uns de ces grammairiens et musicistes. Voici Quintilien qui nous répond : « Il n'est pas possible d'allonger ou de raccourcir les mots ; il n'appartient qu'à la musique de faire à son gré les syllabes longues ou brèves. » (*Inst. orat.*, lib. IX, 4.)

Marius Victorinus nous dit de son côté : « C'est aux musiciens d'accommoder les syllabes aux exigences de la mesure dans les modulations rythmiques[1] », et plus loin il ajoute : « Quant au rythme, il traite à son gré la quantité des syllabes de telle sorte que souvent il allonge les brèves et abrège les longues. »

A son tour Denis d'Halicarnasse donne son avis sur ce sujet d'une manière très claire : « Dans la musique, soit vocale, soit instrumentale, dit-il, les paroles sont subordonnées au chant et non le chant aux paroles. »

Longin n'est pas moins net : « Le mètre diffère du rythme en ceci, que le mètre n'emploie que deux temps fixes, le temps long et le temps bref, tandis que le

---

1. Musici qui temporum arbitrio syllabas committunt in rhythmicis modulationibus. (PUTSCH, col. 2481-2482.) — Rythmus autem... ut volet protrahit tempora ita ut breve tempus plerumque longum efficiat, longum contrahat. (PUTSCH, col. 2484.)

rythme donne aux temps l'extension qu'il lui plaît, jusqu'à faire souvent d'un temps bref un temps long [1]. »

Les Grecs et les Latins sont donc d'accord sur ce point de doctrine.

Bernon de Reichnau, cité par D. Mocquereau comme le représentant de toute la tradition ecclésiastique, enseigne à son tour, en s'appuyant sur la doctrine de saint Augustin, que « l'oreille ne permet pas plus de changer une cadence mélodique fixée par la tradition (une cadence plane par exemple) que de terminer un hexamètre par un spondée et un dactyle, que d'accentuer dócete ou legíte. Si, pour conserver la mélodie, vous changez la valeur des syllabes, laissez se plaindre le grammairien, et, avec saint Augustin [2], suivez la loi musicale, à laquelle appartient la détermination des valeurs rythmiques. »

Ces textes des anciens sont clairs.

Si, maintenant, nous ouvrons les ouvrages de nos maîtres modernes, nous y trouverons des analogies frappantes qui corroboreront fortement cette doctrine de la prédominance de la musique sur la valeur des syllabes.

Dans Rossini, les cas où la mélodie charge de notes une pénultième brève se rencontrent *par centaines*.

Exemples :

---

1. Traduction de M. Vincent : *Notices et extraits des manuscrits*, t. XVI, p. 160. Voir la *Paléographie* des Bénédictins, t. IV, page 65 et suivantes, sur toute cette question.

2. Le texte de saint Augustin auquel l'auteur fait allusion, est celui-ci : ... *At vero musicæ ratio, ad quam dimensió ipsa vocum ratio... ...is et numerositas pertinet, non curat nisi ut corripiatur syllaba, quæ illo vel illo loco est, secundum ...ionem mensurarum suarum.* (Tract. de Musica, lib. II, c. 1.)

*Quest' a-ni-ma bear bear fa quest' a — — — ni — ma.*

(N° 9, Coro e Cavatina.)

Verdi, dans *Otello*, a écrit :

*Im-pa-vi-do t'at-ten — do ul-ti-ma sor-te.*

(Édition Ricordi, pages 308 et 309, 4° ligne.)

Bellini, dans la *Norma* :

*Sa peine mortelle bien-tôt se cal-me — ra.*

(Édition Bernard Lotte, p. 47, 11° ligne.)

*... A Dieu lui-même dis-pu-ter, oui, dis-pu-ter.*

(Ibid., page 61.)

Grétry, dans *Zémire et Azor* :

*... Qu'on n'a pas ré-so-lu mon tré-pas.*

Adolphe Adam (*Richard en Palestine*) :

*... les che-va-liers.*

(Page 84.)

Palestrina, Vitoria, les maîtres du seizième siècle, S. Bach, Haydn, Mozart, Beethoven, Gounod, etc., ne se sont pas fait faute, dans leur musique écrite sur des paroles latines, d'allonger les brèves et même les *pénultièmes* brèves, quand le rythme de leurs compositions l'exigeait. Il n'est pas du tout difficile d'en trouver des exemples dans leurs œuvres : et, certes, en affirmant ainsi la prédominance de la musique sur les syllabes, ils ne couraient aucun risque qu'on récusât leur autorité dans la matière.

Gounod, dans son *Polyeucte*, a écrit :

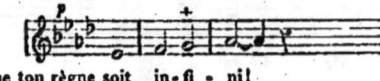

*Que ton règne soit in-fi — ni!*

et à la ligne suivante :

*soit in-fi — ni!*

Il est évident qu'il a traité dans ces exemples une pénultième brève de deux manières différentes, pour les besoins de son rythme, c'est-à-dire en longue dans le premier exemple, en brève dans le second. Il en avait parfaitement le droit, et personne ne songe à lui en faire un reproche. Mais les anciens ne faisaient pas autre chose ; en donnant, dans les cas où il y avait litige entre la syllabe et la musique, la prépondérance au rythme musical, ils usaient aussi d'un droit qu'on n'a aucune bonne raison de leur contester.

Vous ne serez donc pas surpris, Messieurs, d'entendre dans les quelques pièces de chant antique qui vont être exécutées devant vous[1] des pénultièmes brèves chargées de notes.

D'autre part, si vous ouvrez quelque livre de chant liturgique moderne, n'aurez-vous pas lieu de vous étonner, en y constatant qu'après une chasse à outrance aux pénultièmes brèves, on y a laissé, presque à chaque page, des brèves non pénultièmes chargées de plusieurs notes, c'est-à-dire traitées en longues? Et ne serez-vous pas en droit de vous demander ce que peut signifier un principe de prosodie musicale qui réserve toutes ses rigueurs aux innocentes pénultièmes brèves, et les condamne sans merci à être écrasées contre la finale, par l'exubérante antépénultième, la note à queue faisant office de bourreau, selon les lois de Nivers?

### III

Ces déductions faites, permettez-moi maintenant, Messieurs, de vous présenter trois mélodies grégoriennes prises au hasard parmi celles dont le caractère général est une expression de joie :

L'introït du second dimanche de l'Avent, *Populus Sion;*

L'introït de la messe du jour de Noël, *Puer natus est nobis;*

Et l'introït de la messe de sainte Agathe, martyre, *Gaudeamus.*

Ces trois mélodies, fort anciennes, se trouvent dans le fameux manuscrit de Saint-Gall (dixième siècle), et dans celui d'Einsiedeln (dixième-onzième siècle), mais, dans ce dernier, avec l'addition des signes romaniens, dont Notker, le célèbre compositeur de tropes et de séquences, nous a divulgué le secret.

Romain fut, on le sait, le fondateur de l'école de chant de Saint-Gall[2].

Artiste habile et maître expérimenté, il prenait soin de commenter à ses élèves les pièces que ceux-ci devaient chanter sous sa direction ; et, pour rappeler plus

---

1. Ces pièces de chant grégorien ont été chantées par les enfants de la maîtrise de la cathédrale.
2. Il avait été envoyé à Charlemagne par le pape Hadrien, conjointement avec un de ses compagnons, chantre comme lui de l'école grégorienne de Rome. Les deux clercs voyageurs s'arrêtèrent à Saint-Gall vers 790. Après quelques jours de repos, Pierre continua sa route vers Metz, tandis que Romain restait à Saint-Gall, malade de la fièvre. Lorsque le chantre Romain eut été remis en santé, les moines sollicitèrent de Charlemagne la permission de le garder encore parmi eux afin qu'il les initiât au chant de l'Église romaine. Cette permission fut gracieusement accordée par l'empereur. Romain resta donc à Saint-Gall. Il y mourut après avoir légué à cette abbaye l'antiphonaire qu'il avait apporté avec lui ; antiphonaire copié sur les meilleurs manuscrits de Rome et qui fut conservé dans le célèbre monastère comme le type d'après lequel on exécuta et on corrigea les copies postérieures.

fidèlement ses préceptes à la mémoire des exécutants, il inventa certains signes indicateurs des nuances qui lui paraissaient les plus propres à relever l'expression des mélodies, tout en leur conservant cette simplicité de bon goût qui fait le charme de la musique grégorienne. Ces signes ont conservé son nom.

Chose remarquable, il en est un qui revient souvent sur les neumes qui ornent les pénultièmes brèves; c'est celui qui rappelle au chanteur de passer rapidement et délicatement sur ces neumes sans s'y permettre aucune insistance de la voix.

L'introït *Populus Sion* contient quatre membres dont la juste proportion a été savamment établie :

> Pópulus Sion,
> Ecce Dóminus véniet ad salvándas gentes :
> Et audítam fáciet Dóminus glóriam vocis suæ
> In lætitia cordis vestri.
>
> *Enfants de Sion,*
> *Voici le Seigneur qui va venir sauver les peuples ;*
> *Et le Seigneur fera résonner la magnificence de sa voix*
> *Pour réjouir votre cœur.*

INTROÏT DU DEUXIÈME DIMANCHE DE L'AVENT

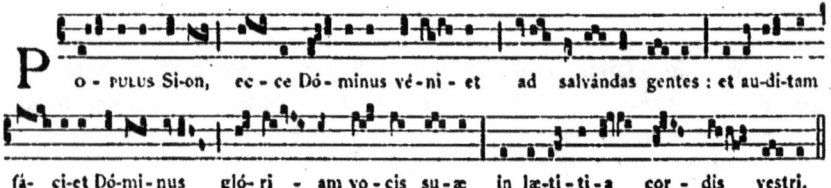

Il y a dans cette mélodie une discrétion d'allure qui tient du grand art. Le thème du morceau est une invitation à l'espérance par l'annonce d'une heureuse nouvelle. Mais cette invitation s'adresse à des cœurs attristés qu'une joie trop bruyante pourrait choquer : il faut donc qu'elle soit douce et insinuante, pour ne point risquer de rendre plus vive une douleur qu'elle veut consoler et faire oublier.

Le musicien antique n'a pas manqué d'observer finement ces nuances délicates dans sa composition. Il maintient d'abord sa mélodie dans l'intervalle modeste d'une quinte au-dessus de la tonique ; encore se contente-t-il d'effleurer cette quinte par la note faible d'une série de neumes brefs, jusqu'à ce que se présente la partie saillante du texte : *veniet ad salvandas gentes*, qui lui fournira en même temps le premier relief et la première clausule de sa phrase musicale, gracieusement enlacée autour des trois éléments constitutifs de l'accord parfait.

Ensuite la mélodie s'élève et se développe sur le second membre du texte, qui annonce *la magnificence de la voix du Seigneur* ; enfin, elle se termine, dans une cadence enveloppante, sur ces mots : *in lætitia cordis vestri*.

Tout autre est le caractère de joie exprimé dans l'introït *Puer natus est nobis*. Le thème est l'allégresse, qui éclate et déborde à la possession enfin obtenue d'un bien longtemps désiré.

*Un petit enfant nous est né,*
*Un fils nous est donné ;*
*Il est revêtu des insignes de sa puissance ;*
*Son nom sera : Ange du grand Conseil.*

Ici, le musicien fait immédiatement vibrer, pour qu'elles résonnent d'un bout à l'autre du morceau, les cordes les plus sonores de sa gamme.

INTROÏT DU JOUR DE NOËL

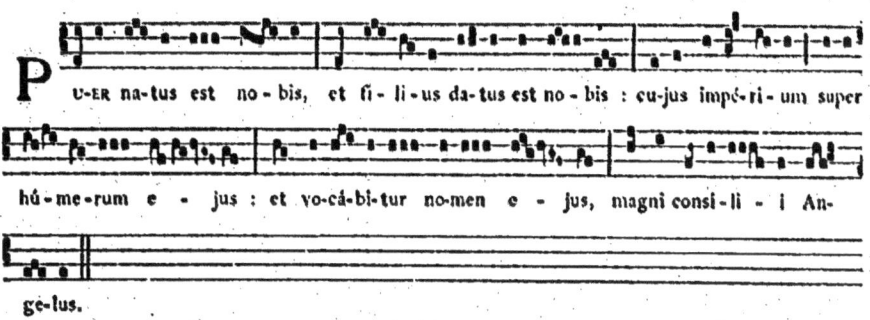

L'introït de la fête de sainte Agathe, martyre, spécialement composé pour l'office de cette sainte, a été appliqué ensuite à d'autres messes, notamment à celles de l'Assomption, de la Toussaint, de saint Thomas de Cantorbéry, de sainte Anne, de Notre-Dame du Mont-Carmel et d'autres encore.

On peut également citer ce morceau comme un modèle de l'art avec lequel les compositeurs du moyen âge savaient approprier leur inspiration au sujet qu'ils avaient à traiter. Le thème de cet introït est une invitation aux fidèles de se réjouir tous dans le Seigneur en célébrant la fête de la charmante martyre sicilienne, dont le glorieux témoignage remplit les anges d'allégresse et leur inspire un hymne de louanges en l'honneur du Fils de Dieu.

INTROÏT DE LA FÊTE DE SAINTE AGATHE

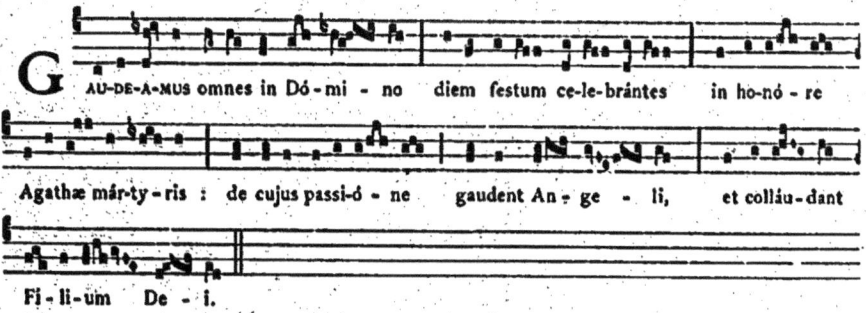

Il est à propos de faire remarquer ici certaines formules typiques dont le retour est fréquent aux clausules des phrases. L'art grégorien en a assigné de caractéristiques à chaque classe de morceaux.

Les types suivants sont employés dans les introïts.
Exemples :

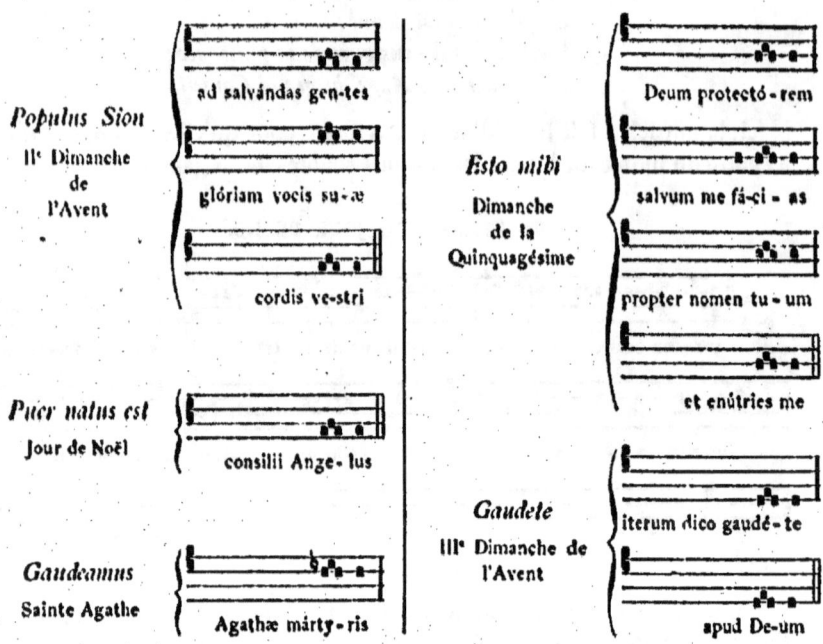

Ces formules mélodiques constituent une sorte de rime musicale, dont les compositeurs ne sacrifiaient jamais l'intégrité aux variations du texte, tant ils tenaient au rythme de leurs cadences. C'est un des cas fréquents où ils usaient des droits incontestables de la musique sur la valeur des syllabes.

Si votre attention n'est pas lassée, Messieurs, je vais vous demander la permission de vous faire admirer maintenant un joyau musical de notre Normandie.

Il est du onzième siècle. Le Chapitre de Rouen l'a jugé digne des honneurs de son précieux *Livre d'ivoire*. Il appartient, en effet, à ce bel office de saint Romain, dont le R. P. Dom J. Pothier, prieur de Saint-Wandrille, a donné la description à la section des Beaux-Arts des Assises de Caumont, et que le *Livre d'ivoire* contient au complet en notation alphabétique.

C'est le troisième répons du second nocturne. Le texte en est rythmique.

Très pure dans sa forme classique, mais d'un tour original et d'une facture savante, cette pièce aux ciselures délicates témoigne que l'art grégorien avait alors atteint, à Rouen, un haut degré de perfection.

On la retrouve intacte dans l'antiphonaire incunable[1] conservé à la Bibliothèque municipale de Rouen, et dans le responsorial publié en 1662 par François III de Harlay. On l'a chantée avec l'office de saint Romain, dont elle fait partie, au chœur de la Cathédrale de Rouen, jusqu'en 1728.

RÉPONS « O SIDUS »

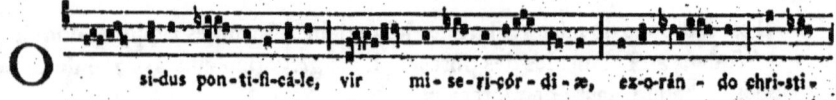

---

1. II<sup>e</sup> série des Incunables, n° 10<sup>e</sup>.

á-ni vas re-stáu-ra pó-pu-li ; * Vas quas-sátum qui chrismá - lis repa-rá - - - sti ó - le-i. ℣. Templum De-i, quod in no-bis vi-ti-is destrúxi-mus, tu restáura, pa-ter sancte, mé-ri-tis et pré-ci-bus. * Vas. Gló-ri-a De-o, Pa-tri æ-tér-no, et Fí-li-o, ac procedénti ab utróque Spi-ri-tu - i Sancto. * Qui chrismá - lis.

Puisque nous sommes au onzième siècle, comment passer entièrement sous silence, dans ce trop rapide aperçu, la période notkérienne des tropes et des séquences, qui a enrichi la littérature et le répertoire liturgiques d'un bon nombre de morceaux intéressants et de pièces musicales dans lesquelles l'art est loin de faire défaut ?

La prose *Lætabundus* nous en offre un des meilleurs modèles. Au seizième siècle, on la chantait encore partout le jour de Noël ; par un usage particulier, elle remplaçait, à la Cathédrale de Rouen, l'hymne des Vêpres du même jour.

Le seizième siècle nous a appris le dédain de ces productions rythmiques d'une naïveté suave et d'une simplicité exquise ; mais il ne les a remplacées par rien qui les valût.

PROSE « LÆTABUNDUS »

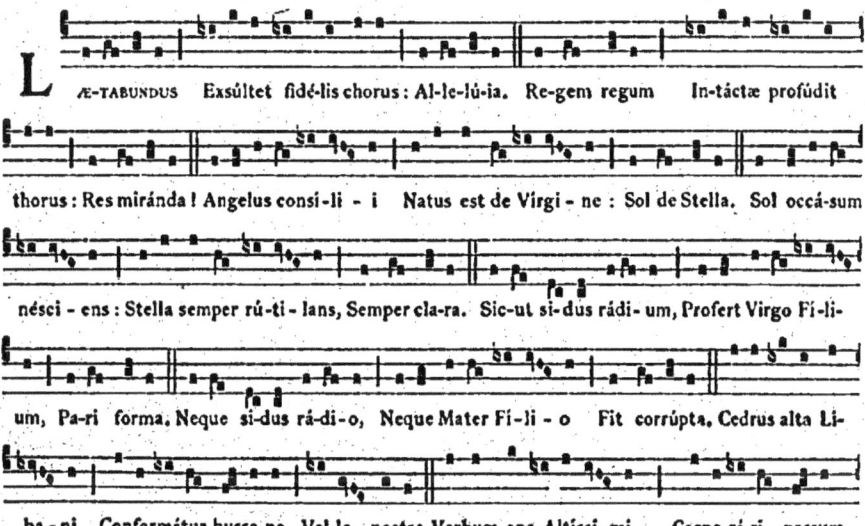

LÆ-TABUNDUS Exsúltet fidé-lis chorus : Al-le-lú-ia. Re-gem regum In-táctæ profúdit thorus : Res mi-ránda ! Angelus consi-li - i Natus est de Vírgi - ne : Sol de Stella. Sol occá-sum nésci - ens : Stella semper rú-ti - lans, Semper cla-ra. Sic-ut si-dus rádi- um, Profert Virgo Fí-li- um, Pa-ri forma. Neque si-dus rá-di- o, Neque Mater Fí-li - o Fit corrúpta. Cedrus alta Li- ba-ni Conformátur hysso-po Val-le nostra. Verbum ens Altíssi-mi, Corpo-rá-ri passum

est, Carne sumpta. Isaias cecinit, Synagoga meminit, Numquam tamen desinit Esse cæca. Si non suis vatibus, Credat vel gentilibus Sibyllinis versibus Hæc prædicta : Infelix propera, Crede vel vetera : Cur damnaberis, Gens misera ? Quem docet littera Natum considera : Ipsum genuit Puerpera. Alleluia.

## IV

La tradition grégorienne ne s'est perdue ni si rapidement, ni si complètement qu'on est généralement disposé à le croire aujourd'hui.

Le *Kyrie* des dimanches de l'Avent et du Carême, dans lequel le caractère de supplication « se trouve à un degré de perfection que même les mélodies anciennes n'ont pas toujours su atteindre », en est une preuve, puisque, d'après Dom J. Pothier, c'est à peine si on peut le faire remonter au quinzième siècle.

La polyphonie, qui commençait ses premiers essais dès le dixième siècle, et l'art inférieur du « déchant » mirent longtemps à supplanter l'art grégorien. Ce furent les contrapuntistes du quinzième et du seizième siècle qui, en élevant la polyphonie jusqu'au niveau d'un art si brillamment illustré dans la suite par Palestrina et les maîtres des Pays-Bas, contribuèrent le plus à détourner de lui les esprits et à le faire oublier peu à peu.

Le seizième siècle commence à en ignorer les règles : les neumes gracieux des mélodies grégoriennes y deviennent lettre close pour les musiciens, tout entiers à l'art nouveau qui les fascine. Mais le travail de désagrégation des neumes, préparé sous l'influence des préoccupations littéraires du seizième siècle, ne fut entrepris, en France au moins, que par le dix-septième siècle. Le dix-huitième siècle y mit la dernière main, et consomma la lamentable déformation d'un art que dix siècles avaient admiré et respecté.

La tonalité ne trouva pas plus grâce que les neumes devant les prétendus réformateurs. On diéza, on bémolisa à outrance, et comme en disloquant les neumes et en taillant à tort et à travers dans les mélodies on avait détruit leur rythme souple et naturel, on en inventa un autre dont la note à queue, suivie de la note losange, devint, avec l'allongement des finales, à peu près l'unique élément. Il faut étudier une pièce un peu développée, telle que le graduel *Hæc dies* du jour de Pâques, et l'analyser en détail, pour se rendre bien compte du résultat de ces saccagements inconscients qui ont déprimé l'idée première et détruit le rythme en rompant le lien musical de la mélodie.

Le texte de ce graduel du jour de Pâques comprend deux phrases divisées chacune en quatre membres à peu près égaux :

Hæc dies — quam fecit Dóminus ; — exsultémus — et lætémur in ea.
℣. Confitémini Dómino, — quóniam bonus ; — quóniam in sæculum — misericórdia ejus.

C'est un chant de joie triomphante et glorifiante qui ne demande qu'à s'échapper du cœur et à remplir les airs, pour célébrer le Seigneur, dont la bonté et la miséricorde se sont montrées si éclatantes en faisant luire un jour pareil.

Dans un texte si court, tous les mots portent. La difficulté à envisager par le musicien était donc de rendre justement la surabondance de l'idée qui dépasse de beaucoup le sens des mots, sans tomber ni dans la prolixité ni dans l'emphase ; et d'imprégner sa mélodie d'un vif sentiment d'allégresse, tout en lui donnant un tour noble, une expression colorée, dont le sens du texte reçût une vive lumière, sans que le lien des mots eût à souffrir aucun dommage.

L'artiste grégorien a heureusement évité l'écueil et mené victorieusement sa musique au but désiré. Il tient les mots de son texte aussi rapprochés que possible (voir la musique ci-dessous), mais il fait déborder au delà des mots sa phrase musicale, qui manquerait de mouvement et d'ampleur sans ce procédé très légitime, souvent et heureusement employé dans les mélopées antiques.

En vérité, c'est l'idée du texte qui se développe et s'épanouit dans le mélisme des clausules. Il n'est pas difficile de reconnaître la gradation habile que le compositeur a su donner aux clausules mélismatiques de l'*Hæc dies*. Sobre et discrète, bien que brillante par les degrés sur lesquels elle se pose après *Dominus*, la cadence s'étend un peu après *exsultemus* ; puis, lorsque le texte *et lætemur in ea* est épuisé, la phrase musicale, dont l'élan demande plus d'espace, monte encore et va effleurer l'octave supérieure de la tonique, en égrenant des notes joyeuses qu'entrelace, dans une grâce savante, le rythme binaire et ternaire ; enfin, lorsqu'elle a obtenu son épanouissement normal, elle va se reposer sur la corde de la médiante, qui lui avait servi de point de départ.

Le verset *Confitemini* n'est pas moins bien traité. L'emploi plus fréquent du rythme ternaire sur les cordes élevées y met un sentiment d'enthousiasme bien marqué, tandis que la répétition sur les mots, *quoniam in sæculum*, de la phrase musicale déjà entendue sur le mot *lætemur* du verset précédent, resserre le lien d'unité entre les deux versets. Rythme nombreux, aisance, clarté, exacte proportion des membres, couleur vraie, sentiment juste, telles sont les qualités indéniables de tout ce morceau grégorien.

Voyons ce qu'en ont fait les correcteurs du dix-huitième siècle. Si nous passons condamnation sur le système lui-même, qui, après avoir détruit les neumes et donné à chaque note une valeur tonale qu'elle n'a point dans l'écriture neumatique, en a singulièrement alourdi l'allure et modifié le sens, nous ne pouvons pas ne pas remarquer que, dès le début du morceau, le premier membre de la mélodie est coupé en deux parties très inégales, voire même en trois parties :

Hæc | dies | quam fecit Dóminus.

L'adjectif démonstratif *hæc*, séparé, par la double barre et la pause qu'elle exige, du mot *dies*, sans lequel il n'a pas de signification, prend une importance exagérée, rendue plus saillante encore par l'emprunt de deux notes au mot voisin, lesquelles notes servent à une cadence parfaite dans le ton d'*ut* au moyen de la note sensible, selon le procédé de la tonalité moderne. C'est-à-dire que dès l'intonation la musique a déjà un sens complet, alors que le texte n'en a pas encore ; cela, parce que le musicien correcteur, peu au fait des règles logiques de la composition, a maladroitement mis un point après *hæc*. Il ne peut compléter le sens du texte qu'en ajoutant à sa phrase musicale une surcharge inutile. Supprimez, en effet, les cinq notes qu'il a laissées sur *dies* : la phrase musicale n'en sera pas moins intéressante, et elle sera plus correcte parce qu'elle se trouvera mieux rythmée.

Exemple :

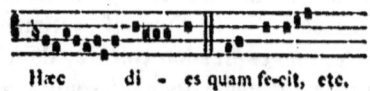

Hæc di - es quam fe-cit, etc.

*dies*, isolé avec sa demi-cadence sur la médiante, tombe à faux pour le rythme.

Certainement le « barbare » grégorien a fait preuve, dans tout le début de ce morceau, d'un art plus expert et d'une logique autrement sûre. Il y met bien la solennité voulue ; mais les mots et l'idée tiennent ensemble. Il sait que les cadences sont la ponctuation musicale : aussi n'en emploie-t-il pas d'intempestives qui couperaient le sens au milieu. Il ponctue sa mélodie aux endroits précis où le texte l'exige, et il le fait à la complète satisfaction de l'oreille, en préparant adroitement, par la sixte majeure, le repos sur la dominante.

La version moderne [1] renferme aussi cette sixte majeure ; mais la désagrégation des neumes ayant ôté leur fixité aux notes, la sixte, que sa position dans la version ancienne, à la fin d'un neume ascendant, rendait prépondérante, s'est trouvée glissée entre la dominante deux fois répétée. Elle y a perdu son effet tonal. Devenue, par ce changement de position, second degré de la gamme d'*ut*, au lieu de produire une suspension de la cadence, elle amène brusquement la conclusion de la phrase, si bien que les notes surajoutées jusqu'à la barre de repos deviennent un remplissage inutile, parce qu'elles n'ont plus leur raison d'être. Ainsi, par le déplacement d'une seule note, les correcteurs ont gâté tout l'effet musical de la clausule de cette première phrase mélodique : c'est trop court et c'est trop long ; la variété discrète et artistique de la version primitive a disparu pour faire place à la superfluité et à la monotonie.

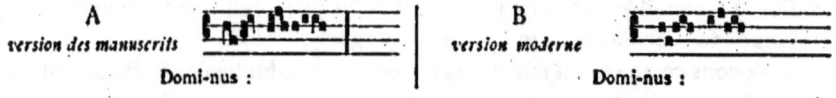

A
*version des manuscrits*

Domi-nus :

B
*version moderne*

Domi-nus :

Que dire maintenant pour expliquer les retranchements qui ont été faits dans les deux membres de phrase qui terminent le verset sur une cadence rythmique plane : *Exsultemus et lætemur in ea*? Qu'ils avaient pour but de corriger des exubérances ? Cela ne peut pas être vrai ; car la version antique n'offre rien qui ne soit parfaitement à sa place. Que les praticiens qui ont donné ces coups de sécateur avaient la joie sainte excessivement modérée et l'enthousiasme peu vibrant ! L'excuse serait passable s'ils avaient tiré de leur propre fonds la mélodie étriquée et poussive qu'ils ont offerte aux fidèles pour célébrer le grand mystère des allégresses pascales. Mais ils avaient devant eux une œuvre faite et parfaite, que

1. L'édition publiée par Ballard, en 1697, et rééditée, en 1858, par Vatar, à Rennes.

l'usure de dix siècles n'avait point entamée ; une œuvre consacrée par la tradition, et dans laquelle une critique éclairée ne trouve rien à reprendre, tant les proportions en sont justes et belles. Et ils l'ont mutilée ! Pourquoi ? Parce qu'ils n'ont rien compris à sa pureté, à sa fraîcheur, à sa beauté noble et simple. Une ignorance inconsciente leur a fait transformer cette mélodie pieuse, vivante, inspirée, en une sorte de canevas mal préparé, sur un thème alourdi, écourté, boiteux. Sans doute, il reste encore dans ce chant défiguré quelque chose de sa beauté première. Mais il ne peut pas soutenir un seul instant la comparaison avec l'original des manuscrits dont l'édition des livres choraux de Rouen reproduisait encore en 1662 une copie fidèle.

Dans le verset *Confitemini*, les changements et retranchements inspirés par le même goût ne sont ni moins nombreux, ni moins préjudiciables au fond comme à la forme du morceau. Sur le mot *Domino*, les répétitions laudatives d'un si heureux effet ont disparu ; de même sur *quoniam bonus* ; la progression ascendante qui relie si bien, au milieu du mot *quoniam*, la sous-tonique à son octave supérieure, a été démolie ; sur *quoniam in sæculum*, même écourtement de l'idée que sur *exsultemus* du verset précédent ; sur le mot *misericordia*, le *si*, qui termine d'une manière toute naturelle le neume attribué à la syllabe *cor*, a été transformé en *ut*, pourquoi ? La dernière syllabe a été surchargée d'un *si bémol* pleurard, pourquoi ? Enfin le mot *ejus*, qui devrait former avec le mot précédent un membre rythmique bien proportionné, porte une cadence écourtée et boiteuse, qui finit le morceau aussi maladroitement que l'intonation sur l'adjectif *hæc* l'avait commencé.

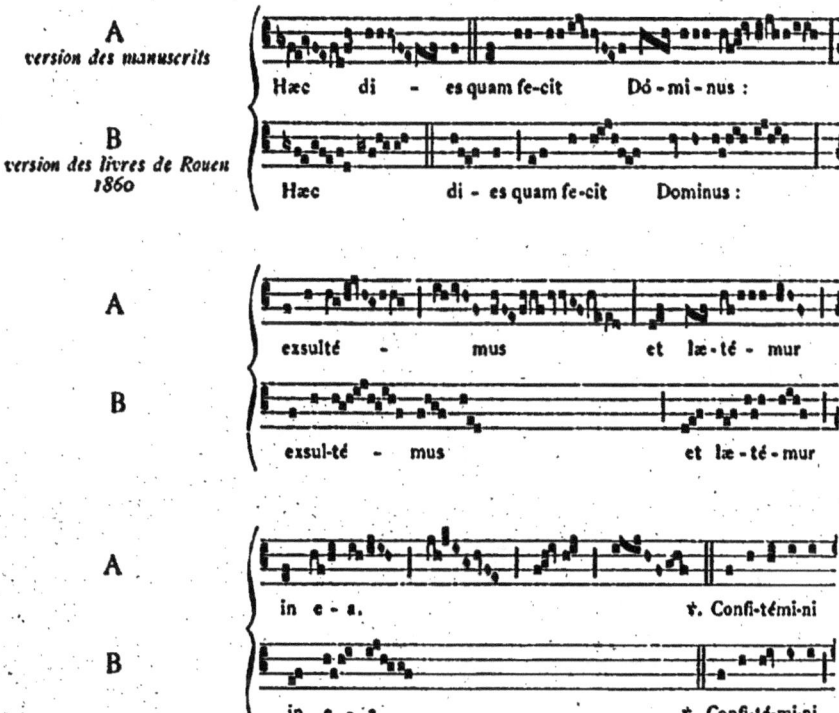

Si l'on soumet à l'analyse d'autres pièces un peu étendues du répertoire liturgique, on est bientôt convaincu que les mêmes causes ont produit partout les mêmes effets.

D'un autre côté, il est facile de juger que les morceaux, même les plus courts, n'ont pas échappé à ce système de désorganisation de l'antique mélopée.

En voici deux exemples entre mille : l'hymne des premières vêpres de la Pentecôte, *Veni Creator Spiritus*, et l'hymne des dimanches de l'Avent, *Creator alme siderum*, qui appartiennent à la catégorie des chants syllabiques.

Dans l'hymne *Veni Creator Spiritus*, le fameux principe des pénultièmes brèves, qui n'avait certainement pas à intervenir ici, a fait surcharger de plusieurs notes le dernier mot de chaque vers. Au second vers, l'adjonction d'une note sur la syllabe accentuée du premier mot *Mentes* a déplacé l'accent du mot suivant *tuorum*, que l'entraînement du rythme musical oblige ainsi à accentuer sur la finale ; au troisième vers, la suppression de deux notes sur le mot *superna* produit le même déplacement de l'accent et brise le rythme. De plus, en accidentant d'un dièze la note *fa* chaque fois qu'elle se présente entre la note *sol* répétée, on a, par un principe fort peu scientifique, altéré la tonalité du morceau.

La version grégorienne, pour être chargée de moins de notes, n'en a pas moins de caractère religieux, de couleur, de rythme et d'élégance. Pourquoi y a-t-on touché ?

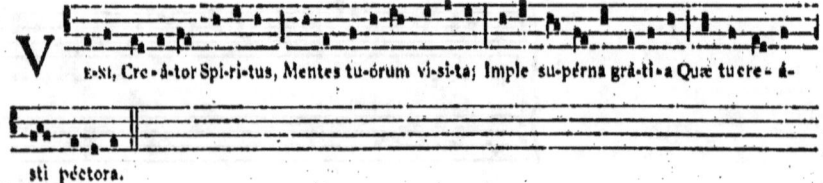

Dans les hymnes ïambiques, dont le chant ancien est entièrement syllabique, la transformation est devenue bien autre chose. Sous le prétexte de les scander, on les a affublées d'un rythme de valse lente qui, outre qu'il n'a rien de religieux, manque absolument de souplesse, et oblige souvent à couper les mots d'une manière qu'un lecteur intelligent ne voudrait certainement pas imiter, fût-ce pour lire des vers latins.

Après plus de douze siècles, les mélopées grégoriennes ont conservé une apparence de jeunesse et de fraîcheur qui surprend agréablement ceux qui les lisent ou les entendent. Sorties maintenant d'un injuste oubli, elles ont conquis sans peine les suffrages de nos meilleurs musiciens. Le nombre des esprits sérieux qui les veulent étudier, pour les goûter à leur mérite, s'accroit de jour en jour ; et l'on peut constater que le public lui-même n'y est pas demeuré indifférent.

« Que des moines s'éprennent pour la grave et priante mélopée grégorienne, je ne m'en étonne pas », disait tout récemment Mgr d'Hulst[1] ; « mais que le public, le grand public, s'intéresse à leur entreprise et commence à la goûter, voilà un symptôme digne d'attention. Il y a vingt ans, il y a trente ans, à prédire ce que nous voyons on eût passé pour un insensé.

« Laissez-moi donc relever, sur ce terrain de l'art, ce que j'aperçois aussi dans d'autres domaines : un ensemble d'indices qui nous permettent d'espérer pour l'âge prochain, dont nous saluons l'aurore, un renouveau du christianisme. Quand la moisson aura mûri au soleil du vingtième siècle, il sera juste d'en faire honneur aux semeurs attardés qui auront confié les germes à la terre sous les clartés crépusculaires du dix-neuvième siècle à son déclin. »

A. BOURDON

---

1. Allocution prononcée le mardi 5 mai, à la Société Saint-Jean, à Paris.

## LIGUGÉ (VIENNE)

*IMPRIMERIE SAINT-MARTIN*

M. BLUTÉ

sone te tuia ne uas _____ misericor___dia

nos ord mate eol _____ lilium cum lisco ne repuras et uesiculum

templum dei innobis tuerit uiolatum uia pre oc expul

cum nidde deo soli dum VESCO REORAHO. I.HCT.

Beatus uir manus uilegit dei mederatus floruit ut li

num sient dauitus a quorum dedit eq su__um su____ o m

cum gore fructum. ad Celebrem cui sit p ip on mon__

rem sine cum _____ domine prede eu ure preces cum cuis

spiu ut et intri_____ mor ideo sipitulae me o cum ex

citatir intre ui magnitea de e re suo. A Clamaue

runt ad dominum et exaudiur cum furent et enim

A quem _____ pecum com___ perdure populum quo

fu um abenus inundatio ne e ripure. Rs

Chi _____ Rex _____ po as regali or

# APPENDICE

## ANCIEN OFFICE DE SAINT ROMAIN

**A Magnificat**

Ant. 1. Præsul sancte Románe, vas misericórdiæ, qui chrismále collísum cum liquóre reparásti vásculum, templum Dei in nobis vítiis violátum tua prece expiátum redde Deo sólidum.

**PREMIER NOCTURNE**

Ant. 1. Beatus Románus in lege Dei meditátus flóruit in lignum secus decúrsus aquárum, deditque suum suo in témpore fructum.

Ant. 2. Constitútus super Sion montem sanctum Dómini prædicávit præcéptum ejus, servívit ei in timóre, ídeo sperábit in eo, cum exárserit in brevi magnitúdo iræ suæ.

## DEUXIÈME NOCTURNE

**Ant. 4.** MIRIFICAVIT Dóminus sanctum suum, eo enim sanctificánte sacrifícium justítiæ lúmine vultus sui insignívit : déxtera enim Dei super eum appáruit.

**Ant. 5.** ECCLESIÆ sanctæ límina beátus póntifex devóte frequentábat ; lætabátur in Dómino, quia sperábat in eo ; in ætérnum exsultábit, Christus enim semper in ejus péctore mansit.

**Ant. 6.** GLORIA et honóre coronásti sanctum tuum Dómine ; super ópera mánuum tuárum eum constituísti, dum vas chrismále collísum per ipsum redintegrásti.

**Rép. 4.** FELIX pastor ac felíci præpóllens munímine, regiónem ne vastáret imperávit Séquanæ, qui vicína occupábat redundánti gúrgite. ℣. Vir beátus mox ut jussit, aqua sibi páruit, ac arctáta in se suum éxitum compéscuit. Regiónem.

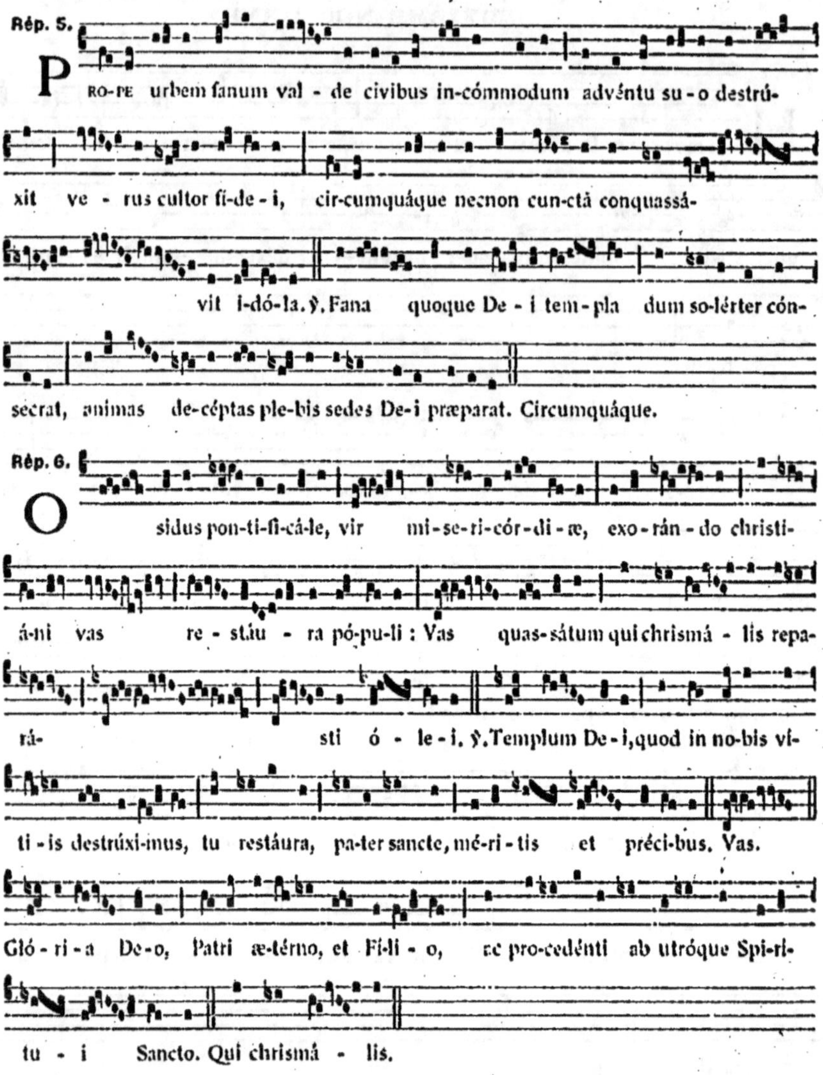

**Rép. 5.**

**P**ROPE urbem fanum val-de civibus in-cómmodum advéntu su-o destrú-xit ve-rus cultor fí-de-i, cir-cumquáque necnon cuncta conquassá-vit i-dó-la. ℣. Fana quoque De-i tem-pla dum so-lérter cón-secrat, animas de-céptas ple-bis sedes De-i præparat. Circumquáque.

**Rép. 6.**

**O** sidus pon-ti-fi-cá-le, vir mi-se-ri-cór-di-æ, exo-rán-do christi-á-ni vas re-stáu-ra pó-pu-li: Vas quas-sátum qui chrismá-lis repa-rá-sti ó-le-i. ℣. Templum De-i, quod in no-bis vi-ti-is destrúxi-mus, tu restáura, pa-ter sancte, mé-ri-tis et préci-bus. Vas.

Gló-ri-a De-o, Patri æ-térno, et Fí-li-o, ce pro-cedénti ab utróque Spi-ri-tu-i Sancto. Qui chrismá-lis.

## TROISIÈME NOCTURNE

**Ant. 7.**

**I**N Dómino con-fisus vir De-i semper ami-cus, fa-na enim quoque et delúbra subvértit, templa De-i se-dés-que sacrávit.

— VI —

linquens ter - réstri - a. Vocans.

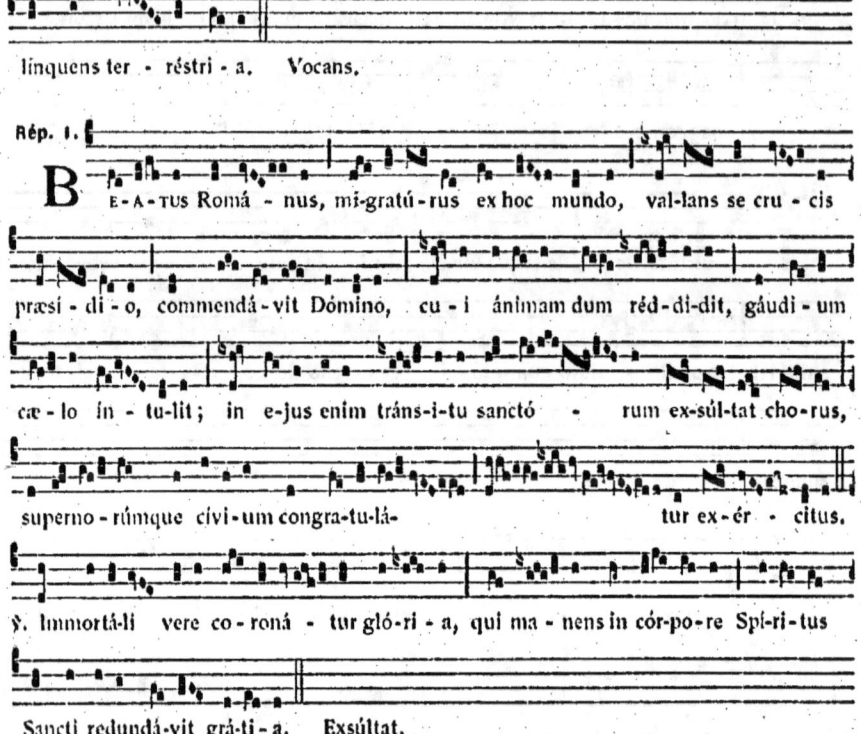

Rép. 1. BE-A-TUS Romá - nus, mi-gratú-rus ex hoc mundo, val-lans se cru - cis præsi - di - o, commendá-vit Dómino, cu - i ánimam dum réd-di-dit, gáudi - um cæ - lo in - tu-lit; in e-jus enim tráns-i-tu sanctó - rum ex-súl-tat cho-rus, superno - rúmque cívi - um congra-tu-lá- tur ex - ér - citus. ℣. Immortá-li vere co-roná - tur gló-ri - a, qui ma - nens in córpo-re Spí-ri-tus Sancti redundá-vit grá-ti - a. Exsúltat.

*Le reste de l'office, sauf l'antienne de Benedictus ci-dessous, manque au « Livre d'ivoire ». Il est ici donné d'après d'autres manuscrits et l'imprimé de 1662.*

## A LAUDES

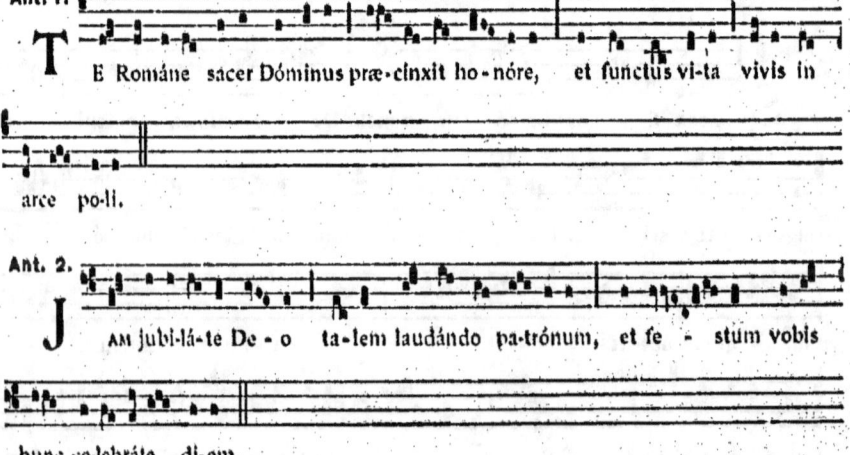

Ant. 1. TE Románe sacer Dóminus præ-cínxit ho-nóre, et functus vi-ta vivis in arce po-li.

Ant. 2. JAM jubi-lá-te De - o ta-lem laudándo pa-trónum, et fe - stum vobis hunc ce-lebráte di-em.

— VII —

**Ant. 3.** OB laudem Dómini vigilávit nocte diéque, et sitiit Christum semper adíre Deum.

**Ant. 2.** ECCE tuis Abraham grémiis gaudénter inhæret, et cæli Regem nunc benedícit ovans.

**Ant. 2.** ERGO Deum cæli cuncti laudáte benígnum, qui vobis talem cessit adésse patrem.

### A Benedictus.

**Ant. 4.** PASTOR clemens, viva Christi hóstia, sancta Dei déxtera tua prece gloriósa salvet nos et múniat, quam vidísti divína offeréndo libámina.

### A VÊPRES

**Ant. 1.** BEATUS Románus regáli stirpe est ortus, et ab Angelo ante concéptum patri suo Benedícto annuntiátus.

**Ant. 2.** ANGELUS hæc inquit : Nascétur, Benedícte, tibi fílius, Ecclésiæ lux, splendor et decus.

www.ingramcontent.com/pod-product-compliance
Lightning Source LLC
LaVergne TN
LVHW022203080426
835511LV00008B/1535